LA

PATRIE HONGROISE

PARIS

TYPOGRAPHIE GEORGES CHAMEROT

19, RUE DES SAINTS-PÈRES, 19

MADAME ADAM

(JULIETTE LAMBER)

LA

PATRIE HONGROISE

SOUVENIRS PERSONNELS

PARIS

NOUVELLE REVUE

23, BOULEVARD POISSONNIÈRE, 23

1884

LA

PATRIE HONGROISE

AU DÉPART

MODANE. — TURIN. — MILAN. — VENISE

Partir! Comment peindre les impressions différentes que ce mot résume ou provoque dans l'esprit
de chaque voyageur?

Faire son voyage de noces, partir deux, dont
l'un, libre pour la première fois, va chercher à
s'enrouler, à chaque détour du chemin, dans la
douce chaîne d'amour.

Voyager pour s'instruire, ne voir que l'utile,
même s'il se présente sous la forme agréable, se

1

mouvoir avec méthode, assimiler avec précision, ranger avec ordre, classer tout ce dont il faudra se souvenir, enfin partir, non pour voyager, mais pour avoir voyagé.

Aller devant soi lorsqu'on veut fuir l'ennui, tantôt le perdre et tantôt le rencontrer.

Faire une partie en troupe, n'avoir aucune idée personnelle, parce qu'un cri est jeté avant le vôtre, un jugement porté avant qu'on ait formulé le sien; ne rien voir parce qu'on a regardé, au même moment, une même chose, dont il semble que chacun ait pris sa part; discuter, rire, s'amuser.

Quitter brusquement ses affaires pour courir après la solution d'une autre, avoir l'unique pensée d'arriver, lire les journaux qu'on emporte, s'irriter de ce qu'ils vous suivent et ne vous apprennent rien, baisser les stores du wagon le jour, par crainte du soleil, dormir la nuit quand la lune veille, se dire : je reviendrai, je regarderai quand je serai moins occupé de mon but, quand j'aurai le temps.

Voilà bien des façons de voyager; que d'autres il y en a, variables, diverses, comme l'homme et les causes qui le mènent !

A mon tour je le prononce, le mot : partir ! Mon
moi haïssable impose l'absence à ceux qui m'aiment.
Je les quitte gaiement pour leur prouver qu'ils ne
me sont point nécessaires, et je leur en veux de
ne m'avoir pas retenue.

Enfin, je suis seule et libre de toute occupation.

C'est une jouissance indéniable que celle de sortir du cercle tracé par des devoirs, par des goûts,
par une situation, de disparaître brusquement après
avoir mis toutes choses en bel et bon état, de
rejeter au passé jusqu'à la minute qui accompagne
le départ. Il faut avoir prévu les possibilités du
lendemain pour arrêter ainsi le cours de ses travaux, pour se reposer ; mais quelle joie de partir
où la curiosité vous appelle, d'aller où le désir
de connaître vous porte ! Quel plaisir d'être un
étranger chez les autres, de mieux sentir l'ardeur
de son patriotisme, de penser qu'on fera faire la
plus belle figure qu'on puisse à une Française.

En wagon, après les adieux, le sort jeté, on
s'installe ; puis, à la hâte, déjà en grande vitesse,
on repasse ce qu'on a fait dans les derniers jours :
« N'ai-je rien oublié, ni personne ? Ai-je emporté,

préparé tout ce qui doit rendre mon voyage moins fatigant? »

Un beau oui répond-il à ces questions, alors on soupire allégé, on s'approuve, un mot aimable vient aux lèvres pour ceux qui vous accompagnent et pour soi.

La trépidation du chemin de fer a, dans le premier moment, des effets singuliers. Elle semble battre la cervelle et y amalgamer toutes les idées. Le mouvement est bon, car il berce, et ce va-et-vient de l'esprit, mêlé au fuyant des choses qui courent sous les fenêtres, fait tout à coup cesser de penser.

Selon le degré de fatigue qui a précédé mon départ, je puis rester ainsi, sans penser, une heure ou un jour. Quand je m'éveille, j'ai dormi, les yeux ouverts ou les poings fermés. Je n'ai plus en l'intelligence une seule notion précise, mon cerveau nage dans un grand vague. Deux mots seulement y flottent; ceux-là mêmes qui sont inscrits sur mes bagages et les dirigent : de Paris à Budapest.

Je regarde enfin hors de moi. Lorsqu'on a beaucoup voyagé, il faut plusieurs jours pour rencontrer autre chose que le déjà vu ; mais que le souvenir est une chose étrange et qu'il fournit d'étonnements à celui qui l'a amassé.

De Paris à Modane, je me rappelle sans suite ce qui m'a peut-être le moins frappée lors de mon dernier voyage : l'ennui d'un changement de train, que j'évite d'ailleurs cette fois, grâce à d'aimables faveurs ; un wagon qui se retourne à Ambérieux ; une tache de neige oubliée dans une crevasse de rochers et dont je me souviens avec une netteté singulière ; le balcon d'une maison où jouaient des enfants ; des arbres en fleurs ; certaine harmonie remarquée entre l'eau d'un torrent et le ciel. Je recherche cet effet et j'y trouve la première pensée que j'aie eue depuis mon départ d'un rapport entre deux choses.

Voici le moment du réveil complet, de l'examen intérieur, du jugement porté sur soi. Le grand recul d'un milieu, la perspective très lointaine, permettent de donner aux choses quittées leur véritable proportion.

Qu'ai-je fait depuis mon dernier voyage ? Allons,

il faut se confesser. Que valait ce dernier livre?
Non pas la *Société de Berlin,* dont je suis l'humble
collaboratrice, l'auteur ayant grande figure et
grand talent; mais *Païenne?* Pauvre Païenne! Ceux
qui ne l'ont pas beaucoup aimée lui ont-ils par-
donné?

A distance de ses ennemis, ce qui blessait d'eux
touche moins. M. de La Palisse aurait trouvé cela
tout seul. On philosophe sur soi, on se raisonne :

« Voyons, moins de colère ; il faut accepter les
hommes tels qu'ils sont, être indulgent pour le
prochain comme on voudrait qu'il fût, se dire que
s'il a tort d'accuser, il a raison d'avoir, en art, des
vertus farouches. »

Loin du monde, où l'orgueil toujours attaqué
s'excite pour se défendre, un esprit sincère s'analyse, se critique. La flatterie amicale ou intéressée
ne se fait plus entendre. Les bruits de la pensée
qui couvrent les voix intérieures se taisent; dans
le grand silence, l'âme parle seule.

Elle est grave, sévère; elle inspire tout d'abord
le doute de soi ; elle fait le compte des dons reçus
de la nature et des faveurs de la fortune. Tant de

dons et de faveurs, peut-être immérités, exaltent la reconnaissance plus que la vanité. De quoi se plaindre ensuite et qu'oser réclamer? Recueilli, on écoute les enseignements secrets. Le verbe est là. Il résonne dans la poitrine, il émeut; de douces larmes viennent aux yeux, dont on est fier, car un peu de divin y est monté. On se jure d'être toujours meilleur, de laisser aux petits les grandes joies, de ne rechercher que sa part des biens de la vie, et, si le sort vous a donné une large place au banquet public, de ne pas trouver injuste qu'il vous marchande le bonheur intime.

Il n'y a qu'une richesse qu'on peut vouloir toujours plus grande, qu'on peut accroître sans la prendre à personne, et qui donne la sérénité dans la jouissance : c'est la richesse morale. Ceux qui la possèdent ne sont pas tenus de l'épargner; récompensés par leurs propres dépenses, ils ne se croient nul droit à la gratitude des hommes, ils ne gémissent et ne se découragent point. C'est par le bien répandu que l'âme se dégage pour monter dans les voies supérieures. Allégée de ses devoirs terrestres, elle fait les voyages divins.

Se lancer à la découverte de son propre esprit
éclairé, en même temps qu'on voyage dans la claire
Italie, n'est-ce pas tout voir de soi sous sa forme
vraie, obliger ce qui est petit et laid à fuir l'éclat
du grand jour, désirer mettre le beau plus en
lumière pour le mieux admirer?

Quel repos, quel apaisement ceux qui ont beaucoup travaillé et beaucoup agi trouvent dans une
route longue à parcourir! L'action la plus heureuse, l'étude la plus goûtée, ont leur fièvre et leur
mal. Voyager, c'est entrer en convalescence.

Le ciel bleu enveloppe la terre jusqu'aux confins
de l'horizon. Apollon, qui est un dieu ardent,
mord, en Italie, tout ce qu'il baise.

Le grand mont Cenis est traversé. Plus d'ombre, plus de discours sur la morale. L'eau chante
son ouverture dans le pays musical. Vite on
veut parler la belle langue dont on se souvient
tout à coup. Elle vous apporte des sonorités longtemps oubliées, qu'on retrouve plus vibrantes et
plus poétiques. Les mêmes pensées, avec d'autres
mots, offrent des images renouvelées : *primavera*
est plus frais que notre printemps, *il spuntare del*

sole jaillit mieux des nuages italiens que notre soleil ne se lève, et comme : *Partenza!* est plus joli que : Allez !

Le paysage, une ville traversée, l'attitude d'un Italien, une parole, un geste, et, comme en un tour d'esprit, l'Italie, son histoire, son art, sa campagne, traversent le souvenir, s'y déroulent, y réapparaissent tout entiers.

Et la Hongrie? Il n'est pas de voyageur, méritant ce titre, qui ne se figure le pays qu'il va connaître. Lorsque la réalité, plus tard, a pris possession de sa pensée, les tableaux de son imagination s'effacent si complètement qu'il se persuade avoir deviné ce qu'il a vu.

On a bien confusément dans l'esprit, il faut en convenir, la silhouette d'un peuple lorsqu'on n'a pas vécu de sa vie. Ce peuple, s'il s'agit du peuple hongrois, on l'aime dans ses actions héroïques, dans ses idées générales, dans des similitudes de goût ; il attire, on va vers lui, le cœur ému, mais l'intelligence craintive. On se dit bien : la Hongrie, les Hongrois sont ainsi ; mais, en même temps, on s'avoue qu'il est outrecuidant d'espérer les connaître en quinze jours. Chez les Magyars, le caractère des hommes est très divers ; les habitudes, les coutumes sont originales et variées, les lieux mêmes font rêver à des images complexes où l'Orient et l'Occident se confondent. Politique, institutions, histoire, races, n'est-ce pas à s'y perdre ? Voir d'autres formes de la terre, d'autres groupements d'objets, d'autres cours des choses en deux semaines, c'est n'avoir pas le droit de cesser d'être une passante, dans un pays où l'on voudrait être une amie.

Après avoir quitté l'Italie, traversé un coin de l'Autriche, demain je franchirai la frontière hongroise. Je me creuse la tête, et comme un élève répète sa leçon au moment d'entrer en classe, je me répète la Hongrie.

Le peuple hongrois a peut-être, de bien loin, droit à la sympathie que les femmes ont pour lui. Qui sait s'il ne descend pas de ces hordes scythes qu'Hérodote qualifie du nom gracieux de *Gynécocratumènes* (hordes gouvernées par des femmes), chez lesquelles se forma le mythe des Amazones.

Jamais la Scythie ne fut soumise. Les plus

grands conquérants ne purent triompher de son indomptable courage. Les Scythes d'Orient, sous le nom de Huns, chassèrent les Goths de Hongrie en 376. Attila porta la gloire des Huns jusqu'à Rome. S'il ne força point les portes de la capitale, à la fois païenne et sacrée, c'est qu'il crut de bonne politique de n'y pas entrer, car il était rusé, fin et prévoyant. Il fit croire à ses soldats irrités qu'il n'épargnait pas la ville sainte sur les prières du pape Léon, mais qu'il évitait la ville de Mars pour n'avoir pas à rendre à ce Dieu l'épée qu'il avait reçue de lui : « Je me suis engagé, leur dit-il, à la remettre en son temple détruit, si j'entre à Rome. Cette épée me fait invulnérable et m'assure l'empire du monde. Je la garde ! »

Le farouche conquérant, disent ses historiens, était cruel à ses ennemis, doux aux suppliants, et ne retirait point sa foi à ceux qu'il avait reçus en sa protection. S'il fut doux au pape Léon, il fut cruel à Théodose et lui imposa une paix humiliante. Il le méprisait d'ailleurs. Théodose avait agi en traître avec lui; il avait essayé de corrompre un député d'Attila, Édecon, en lui donnant une somme d'argent pour assassiner son maître. Edecon prit l'argent et dévoila le complot. Attila fit appeler les ambassadeurs de Théodose. Priscus, qui les accompagnait, raconte qu'il se plaignit avec la hauteur généreuse d'un grand homme.

Après la mort d'Attila, en 453, les Lombards et les Ostrogoths s'emparèrent tour à tour de la Hongrie. Les Avares, au vi° siècle, terminèrent cette longue querelle en les chassant tous deux. Ils chassèrent aussi les Huns.

Ce fut Charlemagne, en 799, qui eut raison des Avares, dont ni les Slaves ni les Bulgares ne purent détruire la puissance. Mais les Huns n'avaient point accepté leur exil de la riche plaine hongroise. (Un groupe des leurs, venu avec les premiers conquérants, s'était maintenu en Transylvanie). Ils revinrent, en 889, amenés par Almos, dont les successeurs entreprirent d'organiser le pays et le convertirent, en partie, au christianisme. Ce fut Étienne le Saint qui compléta l'organisation de la Hongrie et sa conversion. Il reçut du pape Sylvestre la couronne, restée célèbre, qui a servi depuis à tous les rois de Hongrie. Après saint Étienne, la Croatie, la

Slavonie, la Dalmatie furent ajoutées au royaume
de Hongrie. Béla III devint le beau-frère de
Philippe-Auguste et, en 1308, Charles-Robert,
comte d'Anjou, gouverna brillamment la Hongrie ;
mais il épuisa ses ressources, et tenta en vain
de l'arracher à ses traditions, comme l'avaient
essayé ses prédécesseurs, en la latinisant. Avant
la fin du siècle, les malheurs de la Hongrie
recommencèrent sous toutes les formes : révolte
des magnats, hérésie de Jean Huss, invasion des
Ottomans et leur victoire à Nicopolis en 1396.
Plusieurs fois chassés, les Turcs revinrent ; ils ne
furent expulsés qu'en 1699 par la paix de Carlowitz.

Jean Hunyadi, le héros le plus populaire de la
Hongrie, qu'un très bel opéra rappelle à l'admira-
tion de ses compatriotes, et son fils, le grand
Mathias Corvin, combattirent victorieusement les
Turcs.

La maison d'Autriche régnait en Hongrie depuis
1526. En 1687, elle prit définitivement possession
de la couronne de saint Étienne en vertu de la loi
de la même année qui lui conférait l'hérédité de
la dignité royale. Les Hongrois, arrière-petits-fils

des hordes gouvernées par des femmes, montrèrent
un grand dévouement à Marie-Thérèse et la sau-
vèrent en 1744.

Ayant fait alors l'essai de son courage et donné
la preuve de sa puissance, le peuple hongrois se
souvint d'un passé glorieux, qu'il semblait avoir
oublié. Jamais peuple ne fut, autant de fois que
celui-là, frappé par la fortune contraire, assailli
par des ennemis plus cruels et plus nombreux. La
patrie hongroise a subi tous les assauts : défaite,
accablée, brisée, parfois obligée de se rendre,
jamais on ne la vit se livrer. Sans cesse forcée
de combattre, elle ne put goûter les loisirs de la
civilisation qui, cependant, avait en elle un cham-
pion unique, et dont elle gardait les conquêtes en
arrêtant la barbarie.

Depuis Almos et Arpad, jusqu'au roi saint
Étienne, la Hongrie reste hongroise. Rien n'y pénètre du dehors. La nation, jalouse de sa personnalité, oppose un rempart à l'Orient ; mais lorsque
l'Occident veut conquérir le magyar, celui-ci le
repousse et s'isole par sa langue : — celle, dit
Bayle, « qu'Attila eut l'ambition d'établir et d'éle-

ver au-dessus de la romaine ». Longtemps les rois
qui gouvernent la Hongrie lui parlent une langue
étrangère ; elle n'accepte pas les grands hommes
que lui impose la cour. La classique maison d'Anjou ne laisse, par sa littérature, nulle trace chez les
magyars. Au xiv° et au xv° siècle, les Janus Panno-
nius, les Johannès Vitez, demeurent inconnus aux
Hongrois. A l'époque de la Renaissance, ils admirent Mathias Corvin, l'homme le plus grand de son
temps. Guerrier incomparable, attaqué par l'Autriche, par les Voïvodes de Transylvanie, de Va-
lachie, de Moldavie, par la Bohême, par la
Pologne, il fait face à tous ses ennemis, il est
vainqueur des Turcs. Mais les fils des Huns ne lui
livrent pas leur pensée, et ne comprennent rien à
la sienne. On parle, on écrit en latin à la cour,
dans les monastères. Si au xi° siècle les chroni-
queurs recherchent la poésie populaire, c'est pour
la traduire en latin, et le peuple ne s'y reconnaît
plus. Il conserve ses traditions par les chansons
épiques, par la légende. Aucun monument de sa
littérature ne subsiste ; il la transmet comme un
peuple homérique : la conte ou la chante.

Vers 1473 seulement, un premier livre est traduit en magyar : la Bible. Ce fait explique à quel point le mouvement hussite a passionné la Hongrie.

Au xve siècle, au xvie, au xviie, l'influence latine, que le peuple n'a jamais subie, est sans cesse attaquée, combattue dans l'administration et dans les hautes classes. Les diètes de 1792, 1805, 1807, décident que les affaires publiques ne pourront plus être traitées en langue étrangère ; sitôt que faire se pourra, la langue nationale remplacera, dans les actes du gouvernement, l'idiome catholique romain. Il fallait enfin que les fonctionnaires hongrois apprissent la langue du peuple qu'ils administraient.

En 1825, le chef du parti national, le comte Étienne Széchenyi, à la réunion des États, à Pozsony (Presbourg), fit un discours en magyar. Bientôt la justice fut rendue dans la même langue.

Enfin Malherbe vint, et le premier en France...

Balassa était venu et, le premier en Hongrie, avait dégagé la poésie nationale du latinisme théologique; il avait fait renaître les beautés pures de cette langue que ni patois ni dialectes n'ont jamais ternie, et qui est, dit Petœfi, « sans mère ni sœur ».

Depuis que la langue du peuple s'est imposée à la politique, la politique est devenue nationale. Chacune des victoires de la langue hongroise a fixé une conquête de l'influence magyare.

Nous venons de nous remettre en mémoire la Hongrie apprise. Il nous reste à la connaître et à la comprendre. Nous dirons alors, quand nous les aurons étudiés, à quels devoirs et à quels échanges nous semblent tenus les chevaleresques défenseurs de la couronne de saint Étienne vis-à-vis des petits peuples annexés, qui rêvent une indépendance autre que celle de la patrie hongroise.

PAYSAGES

GORITZ. — LE PAYS DU KARST
DE LAIBACH A BUDAPEST

L'Italie passe, rafraîchissant mes souvenirs,
ravivant mes admirations. Par elle j'ai été initiée à
la Grèce. Tard venue dans la grande vie artistique,
il m'a fallu remonter le cours des temps pour
arriver aux époques héroïques et divines d'Homère,
d'Eschyle, de Sophocle, de Phidias. C'est en Italie
qu'on est à la meilleure école pour recevoir les
premières leçons des choses du passé. De Rome à
Naples, de Naples à Rome et à Venise, que de
classes à faire et à refaire! L'antiquité y vit plus
encore que les derniers siècles: la nature, toujours

jeune, sourit aux débris anciens et les respecte, comme un enfant sourit au vieillard endormi et garde son sommeil.

Il faut admirer l'Italie! Qu'importe si, à telle heure de sa politique, elle a été ou elle est fatale, indifférente, ingrate. Admirer n'exige pas qu'on réponde à vos sentiments, mais qu'on vous les fasse éprouver; et ce qu'on admire dans les autres, on peut trouver ou dangereux ou funeste de le copier ou de le subir.

Comment résister à certains charmes magiques de l'Italie? Est-ce que j'aurais pu, ce matin, entendre le cri de l'alouette et voir poindre le jour sans traverser Vérone d'un vol rapide de ma pensée, sans lever, dans une rue étroite, les yeux vers le balcon de Juliette, sans gravir les degrés des arènes, éclatantes de blancheur au soleil, sans escalader les hauts jardins du palais Giusti, sans embrasser d'un regard ému la ville couchée dans les dentelles du tombeau des Scaliger, et abritée par les collines que baignent, à droite l'incomparable lac de Garde, à gauche la mer Adriatique?

J'ai côtoyé le pays des lagunes, et j'ai jeté mon cri de tendresse : Venise, Venise! belle entre les belles. Dans la lumière éblouissante ont défilé Saint-Marc, tout d'or, le palais mystérieux des Doges, les toiles dantesques du Tintoret, les chatoyants et fastueux Véronèse, les grands Titien, les religieux et naïfs Jean Bellini, puis les lions pensifs de la Piazzetta et les gais pigeons bleus dont la troupe, à midi, obscurcit le ciel, et la Victoire ailée posée sur le bout du pied comme la Diane de Falguière, et jusqu'aux verreries de Murano, qui enferment, dans leurs formes admirables, la couleur versée aux flots de la Giudecca par le soleil de Venise, se couchant sur le Frioul.

J'aime la lagune, à en souffrir quand je ne l'ai pas vue depuis quelques années. Je me reproche cette passion d'un marécage; qu'importe ce qu'on aime, pourvu qu'on aime. Et la *Sapho* de Gounod, après que Juliette m'a chanté à Vérone, me chante à Venise :

> Aimons, car la vie est rapide,
> Et le temps est perdu qu'on passe sans amour.

La dernière ville italienne est, je crois, S. Gio-

vanni Manzano. Déjà les aubépines y sont en fleurs.
Sur le bord des rivières, les oseraies, avec leurs
premières feuilles délicates et jaunes, ressemblent
aux mimosas du golfe Juan. Dans les terres, les
guirlandes des vignes, accrochées aux ormes,
rappellent ces farandoles qu'on aperçoit au loin
dans les plaines de Provence. Rien ne donne un
air joyeux aux champs comme ces vignes entre-
lacées et dansantes. -

Le paysage est charmant. Au premier plan des
collines, l'ombre trace des sillons et la lumière se
ramasse à flots pour inonder les villages, pittores-
quement posés sur les hauteurs. La neige couronne
les cimes à l'horizon; les montagnes, bien dessi-
nées, glissent en talus jusqu'à la plaine, et leurs
flancs ravinés se transforment en cascades aux
premières chaleurs du printemps. La terre est
rousse, les jeunes herbes, encore sensibles au
froid, frisottent et ne déploient pas leurs tiges. Les
hauts clochers blancs se couvrent d'une calotte
orientale. Ainsi coiffées, les églises ont l'air encore plus « habillées dans leurs robes de pierre ».
La calotte est d'un brun rouge et se détache sur

l'azur du ciel. Un torrent à l'eau verte moutonne au milieu des cailloux blancs.

Le soleil est levé, les collines déjà chaudes fument; des vapeurs montent, pour rendre au jour la fraîcheur que la nuit a versée.

Goritz est là, depuis peu célèbre, où notre vieille royauté a disparu royalement. Celui qui est mort était bien plus le fils de saint Louis, de Henri IV, que le petit-fils de Louis XIV.

Une Française, amie de la vieille France autant que de la nouvelle, songe avec respect à cette royauté souvent démocratique et libre d'esprit qui défendit longtemps le vilain contre le seigneur, les communes contre la féodalité, les franchises de notre église contre les papes. Royauté qui a donné Clovis, Charlemagne, Philippe - Auguste, saint Louis, Philippe le Bel, Louis XII, le Père du peuple, Henri IV. Ils étaient cruels aux grands, doux aux petits, ces rois qui portèrent loin le nom glorieux de la France; ils rendirent la justice, parfois eux-mêmes, créèrent les Parlements, réunirent les États Généraux, reconnurent les maîtrises, protégèrent les corporations, tinrent loyalement

compte des doléances de leurs sujets, acceptèrent
le mandat impératif des députés des États, chassèrent et vainquirent l'étranger, et, généreusement,
apprirent à l'Europe ce qu'elle ignorait : la politique
d'un pays plus soucieux de ses droits moraux que
de ses intérêts.

Cette politique, la France l'eût peut-être conservée, sans la pernicieuse influence italienne. Les
Concini, les Médicis, les Mazarin, ont faussé l'esprit
de la royauté française et nous ont jetés avec elle
dans des voies étrangères à nos facultés, à notre
esprit, à notre race. Les rois francs et français
disaient avec le peuple : « Nous voulons » ; les rois
italianisés, nourris dans la tradition de la Rome
impériale, finirent par dire : « L'État, c'est moi. »
Ils brisèrent les liens qui les unissaient au pays et,
comme les rois latinisés de Hongrie, vécurent chez
leurs peuples en étrangers.

Nos rois impériaux résistèrent aux États Généraux, opprimèrent les parlements, firent passer leurs
armées sur les terres de leurs sujets comme elles
passent en pays conquis, épuisèrent les ressources
de la France pour payer leur gloire personnelle.

La Révolution française ne sut pas se dégager de l'héritage italien et romain. Elle ne copia point l'Empire, copié par Louis XIV fils du génie de Mazarin, mais elle copia la Rome consulaire, et aboutit logiquement au règne de celui qui, par sa naissance, par son caractère, par sa fortune, par sa passion de l'autorité, résumait le mieux l'idée ascendante et traditionnelle du jacobinisme, au règne d'un premier consul et d'un empereur italien...

Ceux qui représentaient le vieil esprit gallo-franc de la royauté démocratique et des communes, les Girondins, avaient été écrasés. Nulle voix ne s'éleva plus, jusqu'à celle des libéraux parlementaires, en faveur de la politique française. Depuis, nous avons toujours fait de la république latine ou de l'empire romain. Le Parlement, le Sénat, organisés en vue de la majorité parlementaire, sont incapables de porter la parole au nom de notre pays, jusqu'à ce qu'il soit délivré des formes politiques de la Rome ancienne. Il en sera peut-être longtemps ainsi, tant que notre France, n'ayant pas la volonté de rompre avec un passé funeste, dont tous les actes, toutes les réformes sont contraires à son génie, faible, hésitante, affolée parfois, craignant une liberté profitable seulement à ceux qui gouvernent, ne se sera pas comprise et reprise. Pour s'étourdir sur l'abandon d'elle-même, sur l'ignorance de ses vrais besoins, elle continuera de courir au brillant, à la gloire, à la parole, à l'autorité, comme on dit en langage servile. Et toujours, tribun, prétorien ou empereur, un Italien surgira, ou pour l'éblouir, ou pour la dompter, ou pour la corrompre.

Si la France veut s'organiser, travailler selon ses aptitudes, s'enrichir selon ses moyens, retrouver sa moralité politique, redevenir tout entière sobre comme les meilleurs de ses paysans, artiste comme ses meilleurs ouvriers, saine, économe comme ses premiers bourgeois, chevaleresque comme sa vraie noblesse, juste comme ses vieux magistrats, honnête, impersonnelle comme les anciens députés des États, elle le peut, car toutes ces qualités elle les possède; elles sont dans ses mœurs, dans son sang, dans son esprit, dans ses ambitions; mais alors il faut qu'elle retourne résolument à la recherche de son génie français, aux traditions démocratiques de la vieille royauté; qu'elle retrouve la politique des États Généraux, le programme des Girondins; que s'inspirant des progrès réalisés par les monarchies constitutionnelles et par les républiques étrangères, elle crée un grand parti libéral. Alors elle sera gouvernée selon ses mérites et selon ses œuvres. Ainsi soit-il!

Pourquoi est-ce en franchissant le torrent limpide de l'Isonzo que me viennent à l'esprit ces sombres pensées, épaisses comme un discours-programme?

Ne suis-je pas ici transportée au pays d'Avignon? Des murs en pierres sèches, les petits bois rares et clairs, les villages aux maisons étagées sur les collines, de jolis châtelets blancs couronnant des mamelons arrondis et entourés de la verdure sombre des pins, de la verdure argentée des oliviers. Je vois des images peintes *à la fraiche* sur le mur des maisons; un archange superbe terrasse le démon, plus heureux que le roi qui s'est éteint à Goritz.

Toute la végétation qui borde l'Isonzo est légère, presque dorée; les haies vives ont elles-mêmes, à cette époque de l'année, un feuillage à peine verdi. Rien n'est doux comme la première couleur de la première verdure en Italie.

Les vieux murs sombres et noircis de la prison de Goritz donnent une note attristée au gai tableau : mais voici des paysans dont le type est remarquable : grands, bien bâtis, marchant avec fierté, l'œil bleu, le visage bruni. On dirait qu'ils chantent ; non : ils parlent, en riant, tour à tour trois langues : l'italien, l'allemand, le slovaque. C'est un charivari plaisant. Le chapeau de ces rustiques polyglottes est orné de fleurs fraîches, posées à la façon des plumes tyroliennes.

Il y a peu de feuilles encore aux mûriers ; l'olivier, petit comme à Marseille, est maigre dans les cailloux ; le figuier biscornu étale ses branches, dont l'aspect gauche a je ne sais quoi de comique. Je me crois plus que jamais dans une vallée de la Durance, à l'entrée de la Crau. Nous sommes au pays du Bora ; comme au pays du Mistral : « le vent soulève les pierres et les fait chanter. » Une buée lumineuse enveloppe les formes, les idéalise. Il doit y avoir ici des mirages.

La terre est foncée, veloutée, loutre, lorsqu'elle
est fraîchement labourée. Dans le calcaire blanc,
elle rougit. Sur les champs verts, lorsque le vent
moire les jeunes pousses du blé, le paysage est
d'une incomparable richesse de couleurs.

Sous les ponts retentissants qu'on traverse, passe
l'eau des rivières qui miroite, se diamante, étincelle au soleil de telle façon qu'on n'en peut supporter l'éclat.

A Rubbia Savogna, un château entouré d'arbres
rares, la villa Bianchi, fait rêver à toutes les poésies
de la vie. Des bois fleuris l'entourent ; des gradins,
des terrasses, au milieu desquels glisse une nappe
d'eau, servent de base à des jardins enchantés.
Une femme serait bien belle dans ce beau cadre !
Et comment ne pas garder de son apparition un
éternel souvenir si, tout à coup, elle se penchait
sous les grands pins, sur les balustres blancs, et
souriait en nous voyant passer. Ce lieu, un roman-
cier voudrait le décrire, un peintre le peindre, un
poète l'immortaliser.

Bientôt le sol change, les roches sont verdâtres.
On ne rencontre que des genévriers d'un gris bleu

sous le ciel d'un bleu gris. L'harmonie des nuances est si délicate, qu'on n'en peut détacher les yeux et que l'on croit voyager au pays des ombres, dans les champs élyséens. Mais tout à coup la terre s'enrichit d'une végétation admirable. Un grand cirque de belles montagnes boisées attire les eaux du ciel pour les répandre et pour fertiliser cette oasis.

Nous montons, et le froid nous attend. Des lierres vêtent des arbres nus; les feuilles de chêne, séchées et rousses, donnent un air automnal à ce paysage que n'a point encore touché le printemps. Des massifs de sapins verts font un grand effet, répandus dans les bois.

Près de Monfalcone, le Timavo sort tout à coup de terre et répand ses eaux courantes. Nous sommes au pays du Karst. Une lande immense s'étend de Goritz à Fiume, brûlée par un vent terrible. On accuse les Vénitiens d'avoir dévasté ce pays en prenant tous les bois pour leurs vaisseaux et leurs pilotis, de l'avoir livré sans défense aux fureurs du Bora.

Encore une oasis dans ce désert, et si fraîche,

qu'on jette un cri d'admiration : Que c'est joli!
Peut-être est-on plus sensible au doux feuillage
après un spectacle si monotone d'arbres rabougris,
plus ému de la grâce souriante après tant de déso-
lation. Des centaines de pêchers en fleurs tout
roses, des amandiers tout blancs ont neigé sur le
sol et l'ont recouvert de pétales fleuris. Dans le
vallon serpente une eau verte et rose, une maison
rose est sur le bord du ruisseau. Qu'est-ce donc,
là-bas, entre le ciel et la terre, cette grande masse
liquide, laiteuse? sont-ce des nuages? C'est la mer:
elle est confondue avec l'horizon, se perd dans le
ciel voilé. On voudrait s'arrêter ici, devant cet
infini à peine habité. Je retrouve encore la Provence, les étangs de Berre. Il semble que la terre
se soit soulevée pour jouir d'un si grand spectacle:
les roches, groupées par masses, ont des attitudes
curieuses; elles se sont redressées pour mieux voir.

Hélas! les genévriers recommencent, et leur
harmonie devient fatigante. Mais nous traversons
des montagnes que le reboisement pique de petits
points noirs curieux.

Dans un pli de terrain, un groupe de beaux

cyprès garde des entreprises du Bora une haute
tour lézardée qu'entoure et que soutient un lierre.
Un prêtre, son bréviaire à la main, se promène
devant la tour et semble posé là pour dire : « Ainsi
s'écroulent les plus orgueilleuses constructions des
hommes ! »

L'Adriatique reparaît; de hautes falaises se dé-
coupent sur le ciel, les golfes glissent, repoussant
la terre; les caps s'avancent, fixant leur éperon
dans la mer. Des femmes, vêtues de couleurs éclatantes, vont et viennent sur les routes poudreuses.

Là où je croyais trouver le froid le plus intense,
l'orgie des fleurs de pêchers et d'amandiers se
répète. O nature, ce sont là de tes surprises ! Il est
facile en ce lieu de devenir poncif. Le ciel est plus
bleu, la terre plus rouge, les roches plus marmo-
réennes. Une colline couverte de petits cailloux
blancs ressemble à une boîte colossale de dragées;
quel baptême a le printemps autour de Nabresina !

Mais un bel aqueduc évoque des idées de grandeur, et la beauté du paysage parle de style; les
ombres puissantes des nuages amoncelés courent
sur la mer.

Ober-Lesece s'enferme entre des hauteurs superbes. Nous voici au niveau des pics les plus élevés. La pensée devient grave, solennelle et lente.
Un ermitage se dresse au-dessus de nos têtes avec
ses murs blancs de mosquée. Dans la gare, un
voyageur unique, un Turc, paraît ; sa veste de drap
bleu est richement brodée d'or, entourée de fourrures ; sous son turban, de la blancheur des neiges
qui nous entourent, son visage est basané, luisant.
Il a des bagues brillantes aux doigts. Cet homme
si bien vêtu prend les troisièmes classes.

Nous côtoyons des plateaux fertiles, couverts de
villages nombreux, dont les toits rouges doivent
être criards dans la verdure des prés ; mais qu'ils
sont charmants de couleur et de ton au milieu
des herbes jaunies et des feuillages roussis par le
froid !

La vue se ferme à gauche. Nous avons gravi plus
haut que les altitudes qui nous entourent ; nous
sommes dans un pays affreux, qu'habitent les marronniers centenaires rongés par la mousse. Les
genévriers traînent leurs branches au milieu des
blocs de rochers recouverts de moisissures ; ils ont

la lèpre, sont cassés, écornés, éventrés, tordus, décharnés; ils ne peuvent plus supporter le poids de leur vie, redeviennent poussière, semblables aux saints ermites qui réclament une mort trop long-temps attendue. La nature est cruelle, mais elle est dramatique en de telles solitudes. L'homme y apparaît misérable dans un petit village aux toits de chaume, St-Peter, posé sur le bord d'un ravin. Quelques morceaux de terre, semés de blé, verdis-sent, arrachés à un sol où règne en maître le lichen.

La forêt se déchire, la montagne s'ébrèche. Au fond d'une coupe immense est un vallon creusé par les eaux. Nous entrons dans le cercle de Laibach, dans la Carniole arrosée par la Save, pays des mines de mercure natif, d'argent, de fer, de plomb.

Voici Prestranek, puis Adelsberg, dominée par un mamelon d'une forme admirable. Ce mamelon recouvre des grottes fameuses, dont les stalactites, véritables colonnades, ont des proportions incon-nues ailleurs. Des eaux traversent ces grottes et gardent la salamandre rouge, dont rêvaient les sor-cières au moyen âge.

Dans les sapins, tout frais lavés par la fonte des
neiges, paraît un arbre : le hêtre, au tronc lisse et
blanc tigré, aux branchages rougis par la sève. Il
se détache élégamment au milieu des sapins massifs. Partout des palissades, des murs, pour briser
les neiges; puis des sapins, plus rien que des
sapins, toujours et encore des sapins, qui défilent
entrelacés, entre-croisés, pour mieux résister aux
avalanches.

Les yeux lassés, l'esprit engourdi, on regarde
sans voir; les mêmes images se succèdent sans se
renouveler. On s'imagine être élément, tantôt
calme comme l'air, tout à coup agité comme lui,
subissant les courants de l'atmosphère, vivant de
mouvement comme une trombe dans une descente
vertigineuse.

Les sapins ne sont plus les seuls maîtres de la
montagne; ils se laissent égayer par des bouleaux
aux branches souples, légères comme des arbres
de féerie, dont les fines pousses ressemblent à des
antennes de scarabées au ventre roux; les charmes
frémissent en agitant leurs chatons; les genévriers,
aux allures coquettes, forment des taillis, s'isolent

pour s'arrondir en boule, pour se dresser en pyramides. Les mousses, par taches, se dorent au
pied des chênes; les houx luisent sous bois, les
feuilles des marronniers cherchent à s'échapper de
leurs bourgeons et pendent comme les ailes des
oiselets hors du nid. Des rochers, avec des formes
d'animaux gigantesques, dominent, superbement
nus, le paysage; d'autres, plus frileux, sont recouverts de plaques d'un gris blanchi comme la peau
de l'hippopotame. On entend des cris d'oiseaux,
des papillons jaunes et blancs volent au soleil.

Le sol est criblé d'innombrables fleurs aux tiges
très basses, jetées à pleines mains sur la terre :
des pervenches, des anémones, des gentianes, des
crocus, des primevères jaunes, des roses de Noël
lie de vin, des campanules, des pissenlits, des jacinthes, ce qu'on appelle à Paris le muguet bleu,
des myosotis, des colchiques. L'aubépine, qui
défleurit, poudre toutes ces fleurs de pétales blancs.
Des masses de violettes rondes, sur le talus des
bois, regardent, effrontées, comme les paysannes
enhardies qui viennent en troupe, au bord des
champs, pour voir passer les trains. Le fruit déli-

cat de l'épine-vinette, avec sa jolie grappe d'un rouge grenat, se suspend au bord des branches, craignant de se déchirer aux longues épines de l'arbuste.

Le cornouiller ici est tardif. Dans le Midi, c'est l'arbre qui fleurit le premier. On y raconte que le diable l'ayant créé pour taquiner le bon Dieu, celui-ci se vengea en faisant mûrir le fruit du cornouiller le dernier.

Un viaduc, à deux rangées de vingt-cinq arches, occupe le fond d'une vallée. On tourne dans le cirque immense et grandiose des Alpes juliennes. Le patriotisme devient jaloux. Je voudrais, dans mon pays, posséder de tels lieux. Ce village est Franzdorf, village de Français. Voilà qui me calme. Dans les grands marais, des chevaux paissent; les maisons ressemblent à des maisons normandes, avec leurs pignons, leurs toits de chaume à pans coupés, leurs petites fenêtres. Il y a plusieurs de ces groupes français en Hongrie. Dans les comitats de Torontal et de Temes, on en rencontre qui ont émigré de Lorraine sous le règne de l'empereur Charles VI et se sont fixés en Hongrie. Ils ont con-

servé leur langue, dont le curé se sert dans les
sermons.

J'arrive à Laibach. Un ami hongrois est venu à
ma rencontre, c'est M. Denis de Pázmándy, député,
fils du président de la Chambre en 1848. Dans un
dernier duel, il a failli être tué. Sa femme, sa belle-
sœur, de vraies Hongroises, belles, bonnes, ardentes, courageuses, l'ont défendu contre la mort,
victorieusement. Lui, qui possède l'esprit le plus
original et le plus vivant que je connaisse, enthousiaste, passionné, instruit, n'a pas permis au mal,
comme il dit, de souffler assez fort pour l'éteindre.
Il a, ces derniers jours, quitté, prétend-il, ses
béquilles en mon honneur.

— Et puis, pour vous en débarrasser, mon cher
ami, répliquai-je.

Il me répond par un :

— Peut-être bien !
dont l'accent vient en ligne droite du boulevard
Montmartre.

Les duels sont fréquents, en Hongrie, dans la
noblesse et dans la bourgeoisie. La loi les interdit ;
mais elle a des pénalités si faibles et de tels

accommodements, qu'elle n'est point un obstacle.

Je ne crois pas qu'il y ait un Hongrois plus Français que M. de Pázmándy. C'est lui qui a fondé et
qui dirige la *Gazette de Hongrie*. Je le questionne
sur tout, il répond à tout.

En causant, je continue à regarder le paysage.
Dans les prairies paissent des vaches rouges, noires,
blondes, avec de grandes taches blanches.

— Est-ce pour abriter le bétail, ces longs petits
toits qui recouvrent une sorte de râtelier? C'est bien
étroit.

— Non, c'est pour sécher les foins.

Sous les hêtres, le soleil luit, comme le saint
ciboire au fond des cathédrales. Les villes sont
blanches.

La Carinthie, parfois souriante, est ici fort sauvage. Nous pénétrons dans les défilés de la Save.
Le cours du torrent se rétrécit entre des rives où
fleurit sans partage la bruyère rose. La mousse
foncée habille les versants, couvre les hauteurs de
vêtements de velours. Des cascades glissent entre
ces mousses, qu'elles allongent, démêlent, verdis-
sent, pareilles aux cheveux des naïades.

Nous passons dans la montagne en feu; des langues rouges dévorent le bois, jeune encore, et ne laissent derrière elles que de maigres bâtons noircis. Des rochers sombres surplombent la route, l'eau s'éclaire d'une façon sinistre.

— Savez-vous ce qu'il manque, ici? dis-je à M. de Pázmándy.

— Il ne manque rien.

— Pardon, il manque des brigands. D'ailleurs, soupirai-je, le temps est passé des aventures étranges. On n'arrête pas un chemin de fer. Il faut être Peau-Rouge pour essayer cela. Quel dommage de ne pas voir tout à coup :

> Un homme à l'air fier et hardi,
> Son grand mousquet auprès de lui!

Ce paysage est incomplet.

— Si j'avais su, me répond avec calme mon cicerone, j'aurais fait prévenir Savanyu Józsi.

— Savanyu! un brigand?

— Mais, oui; sa tête est mise à prix depuis dix ans; tout le monde le connaît et on n'a jamais pu le prendre.

— Il faut le conserver précieusement. C'est peut-être le dernier de son espèce. Est-ce que, moi aussi, je pourrais avoir, comme tout le monde, l'honneur de le connaître?

— Certainement. Il est audacieux jusqu'à l'héroïsme. Si vous le voulez, en arrivant à Budapest, je ferai mettre dans les journaux : « Madame Adam désire voir Savanyu. » Je suis sûr qu'il viendra.

— Vous y serez, au moins?

— Oui. Je l'ai rencontré deux fois. Il a été parfait; je lui soupçonne du goût pour le parti de l'opposition.

— Si je ne puis le voir, je désire au moins sa photographie.

— Nous ferons juge *le pauvre garçon* de ce qui lui est le plus facile.

— Pourquoi le *pauvre garçon?*

— C'est ainsi que le peuple appelle les brigands. Avant la révolution de 1848, ils se recrutaient parmi les déserteurs, et se jetaient dans la plaine pour échapper à la conscription; ils respectaient les paysans qui les protégeaient, n'attaquaient que les nobles, vivaient dans les auberges, véritables repaires qu'ils défendaient comme des forteresses lorsque, par hasard, les amis des *pauvres garçons* n'avaient pas eu le temps de les prévenir de l'arrivée des pandours des comitats ou de celle des gendarmes étrangers. Pour le paysan hongrois, avant et après 1848, et jusqu'en 1867, le brigand représentait l'indépendance dans un pays opprimé ; il vengeait le patriote des exactions du fisc autrichien. Le *pauvre garçon*, d'ailleurs, était incapable d'une action basse ; il tuait en risquant sa vie, ne volait que les riches et appartenait au type chevaleresque de certains bandits espagnols ou italiens. Le brigand hongrois était quelquefois le défenseur de la veuve et de l'orphelin ; l'un d'eux, ayant assassiné un jour une vieille femme, fut tué par ses camarades. Il ne craignait pas la mort. Fidèle à sa femme, à sa maîtresse, il aimait après elles deux choses : son cheval et la liberté.

« Mais il n'avait point seulement pour tout bien, comme le Klephte de Victor Hugo :

> Un bon fusil bronzé par la fumée,
> L'air du ciel, l'eau des puits.

Dans les chansons des *csárda's*, — les auberges.

— où il vit, où il boit, où il joue, le *pauvre garçon*
est peint le gousset bien garni, festoyant pour
oublier ses remords. Le type du brigand hongrois est
Rozsa Sándor, roi de la Puszta (1). En 1848, il vint
avec sa troupe demander au gouvernement à servir
son pays. Durant toute la guerre il se conduisit en
honnête homme, voulant, dit-il, effacer la tache
de son nom, et combattre les ennemis de sa patrie.
Après la guerre il redevint roi de la Puszta, et fut
terrible aux amis de l'Autriche durant huit années.
Rózsa Sándor a sa légende. Les paysans nient la
mort du *pauvre garçon*. Ils prétendent que l'un de
ses camarades s'est laissé pendre à sa place. »

A chaque détour de la Save, les chemins semblent fermés; tantôt une angoisse vague saisit
le cœur, tantôt l'esprit se dégage comme l'im-
passe où il se croyait; puis, les impressions se
répètent dans chacune des courbes du défilé.

Au-dessus de Sagor, un chalet est planté comme
un nid d'aigle, sur un pic si élevé qu'on a le vertige,
non de l'abîme, mais de la hauteur, en le regardant.

(1) Plaine hongroise.

Près de Triffail, où l'on exploite des mines de charbon, les rochers dressés ont des formes bizarres. Triffail est aux bords mêmes de la Save. Il y a là, quand nous nous y arrêtons, je ne sais quel cortège, conduit par des tziganes. Le cortège se dirige, musique en tête, vers une maison à double escalier sur lequel se groupent : en haut les enragés musiciens; sur les degrés, des femmes, des jeunes filles dont les jupes roses et rouges passent au travers des barreaux de l'escalier. J'apprends que c'est la fête de saint Joseph. Une troupe d'enfants est à califourchon sur la barrière du chemin de fer. Ils agitent leurs mains et je veux leur jeter de l'argent. M. de Pázmándy m'arrête :

— Gardez-vous-en bien, me dit-il, vous ne pourriez leur faire une plus grande injure.

Le coucher du soleil amène la nuit à Tüffer. J'aperçois encore cependant le vieux château, vieux burg superbe. Le froid vient, on ferme les vitres; le wagon est chauffé.

— Ces gorges, durant l'hiver, doivent être glaciales, dis-je à mon ami.

Le député me rassure.

— La Chambre hongroise, répond-il, a pris la résolution de faire d'abord chauffer les troisièmes classes, prétextant que ceux qui y voyagent n'ont pas de fourrures. C'est en 1875, sur la proposition du député Irányi, que le chauffage des wagons de 3e classe fut déclaré obligatoire, et facultatif pour les premières et secondes; de sorte que les dames de la noblesse voyagèrent souvent en 3e classe.

Nous côtoyons, le matin, le lac Balaton, la mer hongroise. Voilà un titre prétentieux, et que pourraient lui disputer les grands lacs du centre de l'Afrique et ceux de l'Amérique du Nord. Mais si les Hongrois désirent que le lac Balaton soit une mer, j'y consens; d'autant mieux que ce n'est pas un lac ordinaire. Il a des poissons à la chair exquise, ferme comme celle des poissons de mer, et dont on ne trouve la même variété nulle part ailleurs. J'ai fait, hier soir à dîner, la connaissance de l'un d'eux, *le fogas*, et je déclare le mets à la fois substantiel et délicat. D'ailleurs, un lac de 700 kilomètres est-ce bien un lac? Ses flots s'irritent, ses vagues moutonnent, il fait danser les barques; c'est donc une mer.

Rien n'est plus mystérieux que le Balaton. Comment se forme-t-il? quelle rivière l'alimente? Une quarantaine de petits ruisseaux ne peuvent l'entretenir et suffisent à peine à combler ce qu'il perd par l'évaporation. Quant à des sources inférieures, elles ne pourraient soulever le poids d'une épaisseur d'eau de huit ou dix mètres. Notez qu'avec tous ces inconnus la mer hongroise se permet de temps à autre une inondation.

Il court sur le Balaton bien des légendes. En admettant que des sources intérieures l'alimentent, qui donc, pour la première fois, a rempli ce bassin immense? Ce ne sont pas les fontes des neiges, les pluies des montagnes, car, dans toute sa partie méridionale, les rives de la mer hongroise sont plates. Au nord, seulement, des basaltes l'encadrent; mais la roche si dure ne semble pas faite pour servir de canal à quelque source lointaine.

Un savant géologue hongrois, M. Aladár György, suppose que le lac Balaton est, comme la mer Noire et la mer Caspienne, une partie de la grande mer qui couvrait l'Europe à l'époque miocène (deuxième période de l'époque tertiaire). L'étude du sol, des fossiles, des poissons encore vivants dans le lac Balaton, donnent une grande vraisemblance à cette théorie.

L'aurore promène sur les eaux, sur les terres, ses doigts de rose. Dans le grand silence, on ne perçoit qu'une sensation de fraîcheur. Les rayons du soleil boivent goutte à goutte la rosée. Les arbres se détachent sur un ciel qui passe du rose à l'orange, de l'orange au rouge, du rouge au violet, puis au bleu pâle. De blanches vapeurs, légères, s'accrochent aux taillis, montent, retombent sur elles-mêmes en poussière, et déposent sur les hautes herbes des perles luisantes.

Des villes, des villages, se succèdent dans la plaine uniforme. Nous arrivons à Budapest.

BUDAPEST

PREMIÈRES IMPRESSIONS

Budapest est une ville à la fois très ancienne et très nouvelle. De fondation romaine, saccagée plusieurs fois par les Turcs, l'inondation de 1838 la détruisit. Le Danube, dont le niveau habituel est de 16 pieds, grossi alors par la fonte subite des glaces, atteignit 32 pieds au-dessus de l'étiage.

En quittant la gare par laquelle j'arrivai, on traverse le tunnel de Buda, travail gigantesque d'un ingénieur anglais, et qui rappelle la grotte du Pausilippe. Des lumières éclairent la voix souterraine, comme à Naples, on croise, on dépasse de longues charrettes, étroites et hautes, traînées par des chevaux couverts de lourds harnachements. Des plaques de cuivre assez larges, minces, trouées au milieu, que traverse une lanière de cuir, partent du collier des chevaux, de chaque côté de l'épaule, et tombent presque à leurs pieds. Quelques-unes de ces plaques ont l'air de se détacher sur un fond de malachite.

Lorsqu'on sort du tunnel de Buda, Pest apparaît au milieu d'une vaste plaine, s'y déroule à l'infini, parsemée de beaux édifices. Il faut traverser le Danube, qui sépare Buda de Pest, sur un pont immense, plus hardi que tout ce que l'imagination peut rêver : il a quatre cents mètres de long et repose seulement sur deux piles. Des lions superbes en gardent les extrémités. On me raconte, sur ces lions, une anecdote.

Le pont était bâti, la municipalité l'inaugurait le lendemain. L'architecte, fier d'une telle œuvre, attendait patiemment son succès ; mais le sculpteur qui avait décoré le pont, et venait de terminer ses quatre lions, fit orgueilleusement publier par la ville : « Quiconque, demain, trouvera un défaut à mes lions recevra cinq mille florins. »

Sitôt le jour paru, la foule vint et admira les superbes animaux, qui, les pattes allongées, la gueule entr'ouverte, ont l'air de dompter le Danube sous leurs griffes.

Tout à coup, un misérable savetier se détache de ceux qui l'entourent, s'avance vers le sculpteur, que la foule applaudissait, et dit :

— Je vois quelque chose !

On le crut fou, et plusieurs le huèrent.

— Que vois-tu ? lui demanda en riant le sculpteur.

— Eh, répliqua-t-il, ces bêtes ont une gueule, des dents, mais pas de langue !

— C'est vrai, répéta la foule, pas de langue ! pas de langue !

— Ils l'ont donnée aux chiens ! s'écrie quelqu'un.

La foule se moque du sculpteur et applaudit le savetier.

Alors l'artiste, fou de désespoir, franchit la balustrade du pont et se jette dans le Danube.

On devrait, chaque année, le jour de la mort du sculpteur, le 22 septembre, revêtir les lions de crêpe noir. Les oiseaux font leur nid dans la grande gueule des lions et ne se plaignent pas qu'elle soit vide.

Le Danube est gris au milieu, verdâtre à ses bords ; sera-t-il bleu demain (1)? Il se moire sous la lumière, crépite comme la flamme, il miroite, il étincelle. Majestueux, solennel et lourd, le fleuve énorme ne coule pas, il marche.

De grands bateaux élégants suivent le courant ; d'autres le traversent avec des circuits ; ils soulèvent des vagues moutonneuses, dont l'eau se brise en poussière irisée, et qui donnent au fleuve des mouvements de houle.

C'est au grand hôtel Hungaria que je descends. J'habite un angle, et ma vue s'étend, à droite, jusqu'à l'île Sainte-Marguerite. Je vais au balcon ; la première chose qui me frappe est le nom d'un bateau : *Ariadné*. Il porte, comme emblème, la demi-couronne de rayons, le signe du Dieu brillant que j'adore. *Ariadné* fait, sous mes yeux, le service des rives du Danube.

A mi-hauteur, suspendus et comme se jouant,

(1) Les Hongrois disent *Szöke Duna* (le Danube blond).

des nuages courent entre le ciel et l'eau; ils s'accrochent au versant d'une colline, s'y déchirent,
s'y émiettent. L'air est d'une telle pureté que tous
les objets s'éclairent dans tous les sens et se détachent les uns des autres, même à une grande
distance. C'est déjà la lumière de l'Orient, et cependant elle a encore la douceur de la lumière d'Occident. Je pense alors gaiement qu'avec un pareil
jour il me sera facile de pénétrer, d'écarter les
ombres de l'esprit hongrois, s'il en a.

Le Danube m'appartient, il est à mes pieds, et
je l'aime. Je vais le voir au lever, au coucher du
soleil, et sous la lune.

De belles collines rousses, à la terre ondulée,
ferment le paysage derrière Buda. La vieille ville
est en face de moi. Ses maisons me paraissent
dorées, tant elles sont enveloppées de rayons;
certaines d'entre elles rougissent sous l'or. Quelques clochetons légers allègent le vieux Buda, un
peu trop massé au pied de la forteresse. Une boule
d'or, placée sur l'un de ces clochers, semble atten-
dre le pied d'une Victoire. Comme elle volerait
bien, entre le ciel et le Danube!

Le château royal, bâti par Marie-Thérèse, se déploie majestueusement, et ses belles pelouses en gradins descendent jusqu'à la rive du fleuve. Près du château, l'éperon vieilli d'un travail de défense fait songer à quelque pacha de Buda. Sur une espèce de falaise abrupte, semblable à celles qu'on voit aux bords de la Méditerranée, verdie par la mousse, se dresse orgueilleusement la forteresse, au-dessus de l'orgueilleux Danube. Je ne connais rien de plus farouche et de plus puissant que ce spectacle. Il semble que le fleuve soit fermé par la lourde masse de pierre. De l'autre côté se trouve Budafok (Promontor) avec ses ruines romaines.

En 1848, les Hongrois escaladèrent la forteresse par ses versants les plus inaccessibles, mal gardés parce qu'il semblait qu'on n'en pût craindre l'assaut. En ce moment, le ciel passe à travers les créneaux des remparts et les fait sourire. On m'avertit que, chaque vendredi, les sorcières viennent danser des rondes vertigineuses dans les bouquets de sapins qui s'accrochent aux escarpements du Szent-Gellért-hegy. Je ne m'inquiète pas, me disant que le vendredi les sorcières ne peuvent faire le sabbat.

Mes yeux sont attirés de nouveau vers le Palais Royal et vers les jardins de la reine. J'aperçois, au loin, le pont de Sainte-Marguerite, construit par une compagnie française; puis les chantiers de la Compagnie de Navigation du Danube à O-Buda (vieux Buda), où il y a, comme à Budafok, des ruines romaines, un amphithéâtre et des thermes.

Les quais du Danube ont une animation extraordinaire. Il s'y empile, à l'infini, des sacs de blé en pyramides. Les bateaux sur lesquels on charge ces sacs se désignent par des noms sonores, et il semble que la langue hongroise soit faite pour être chantée comme l'italien. Les porteurs, sur les quais, vont, viennent, et crient si fort, qu'on se croirait à Marseille ou à Naples.

Un marché aux fruits se tient près du Danube. Les boutiques, adossées au parapet du quai, sont arrangées avec une coquetterie, une science ou un instinct de la couleur qui produisent le plus grand effet. Des pommes, des oranges, des citrons, jetés par masses, fixent les premiers plans d'un admirable tableau, surtout lorsque le Danube, un instant, daigne être bleu.

Aux arbres, qui bourgeonnent à peine, d'innombrables oiseaux gazouillent. Ils remplacent les feuilles. Je n'ai jamais rien vu de si étrange que ces branches mouvantes.

J'aime la nature en hiver, au moment où elle apparaît sous ses formes nues. Quand je voyage pour la première fois dans un pays, c'est toujours avant l'éclosion du printemps. Je le juge ainsi dans sa structure. La physionomie des arbres, des terres, des montagnes, me paraît avoir une originalité plus grande lorsque le vêtement de gloire de la nature n'est point encore tissé. Les feuilles, la verdure uniformisent, et, si elles cachent les imperfections, elles voilent aussi les beautés.

De la ville haute, Pest offre un spectacle merveilleux, bien autrement grandiose qu'à la sortie du tunnel. Derrière Buda se trouve le Széchenyihegy (Schwabenberg), que de nombreuses villas, des vignes, des bois de chênes, embellissent. C'est, pour les habitants de la capitale, une campagne d'été comme n'en possède aucune autre grande ville, sauf peut-être Vienne, car elle est à une altitude considérable. Les yeux y embrassent le cours du Danube à perte de vue.

On monte à Buda en voiture ou par un petit chemin de fer semblable au chemin de fer du Vésuve. Quelque chose des Ottomans, qui ont occupé Buda cent cinquante ans, y est resté; mais ce qu'on retrouve le plus dans la vieille capitale hongroise, c'est le souvenir de Mathias Corvin, — fils du héros Jean Hunyadi, — qui monta sur le trône à l'âge de quinze ans. Mathias Corvin fonda l'université de Buda, construisit un observatoire, créa une bibliothèque et fit bâtir cette église, incomparable bijou de pierre, dont la façade est d'un style si orné, si fin, qu'on ne peut comparer sa décoration qu'aux filigranes de Gênes. L'église de Mathias Corvin, posée à une extrémité de Buda, sur un escarpement très élevé, paraît de loin comme suspendue au-dessus du Danube. Dans cette église eut lieu le dernier couronnement.

Lorsque l'empereur François-Joseph, sacré par le primat roi de Hongrie, sortit de l'église de Mathias Corvin, il parut à cheval, entouré des magnats, dignitaires, évêques, ces derniers à cheval aussi,

puis, descendant de la vieille ville, il alla prêter
serment au peuple sur la place qui porte son nom.
Du haut d'un tertre, composé de terres provenant
des différents comitats du royaume, comme il en
existait un à Pozsony (Presbourg), le roi salua de
l'épée les quatre coins de la Hongrie, ayant la
couronne de saint Étienne sur la tête. Quelqu'un
m'a dit que le peuple hongrois tire l'horoscope d'un
règne d'après la façon dont le cheval du roi escalade
le tertre et s'y tient, d'après l'aisance du souverain
à porter la couronne de saint Étienne, qui se trouve
généralement ou trop grande ou trop petite. Pour
l'empereur François-Joseph elle parut lourde et lui
glissa un instant sur les yeux. Dans cette cérémo-
nie, en dehors de la garde du roi, l'élément militaire est exclu.

La Chambre des députés, celle des magnats,
siègent à Pest; mais à Buda sont la plupart des
ministères, le palais royal, une partie du personnel
administratif. Le nombre des ministères est le
même que dans la plupart des pays parlementaires; mais, en outre, la Hongrie a trois ministères communs avec l'Autriche, responsables de-

vant les délégations : les ministères des finances, de la guerre et des affaires étrangères, plus un ministre *a latere* qui suit le roi et réside ordinairement à Vienne. Le ministère de la guerre spécial à la Hongrie s'appelle ministère des Honvéds, — défenseurs de la patrie. — On nomme Honvéds la milice nationale; leur création remonte au mois de septembre 1848.

A cette époque, la diète vota l'appel de 200,000 hommes pour défendre la patrie. Aussitôt après le vote, l'administration fit merveille et organisa la conscription; mais les travaux, à cet égard, étaient à peine commencés que le pays fournit les 200,000 hommes tout équipés. La Hongrie guerrière se réveilla. On souscrivit pour des fusils dans les villes, dans les villages, dans les fermes isolées de la Puszta; les cloches des églises furent livrées aux fonderies de canons. Les volontaires s'engageaient jusqu'à la victoire; plus tard, ils s'engagèrent jusqu'à la mort. En quelques semaines, les défenseurs de la patrie devinrent des soldats admirables. L'artillerie, l'infanterie, la cavalerie s'improvisèrent. Aujourd'hui les

Honvéds forment un corps de 300,000 hommes.

La première excursion à faire, par un beau jour, dès qu'on arrive à Pest, est celle de l'île Sainte-Marguerite.

Il faut redire alors les vers de Petœfi :

> Mon ange, as-tu vu le Danube,
> Et cette île au milieu du fleuve?
> Ainsi je place ton image
> Au milieu de mon cœur.

L'île, propriété de l'archiduc Joseph, a l'aspect d'un petit royaume, qui n'a de comparable, comme beauté, que la principauté de Monaco. Le large Danube l'entoure et la baigne. Longue, élégante, elle semble tantôt nager, selon que le fleuve s'agite; ou dormir, à l'ancre, s'il est calme.

Il y a, sur le Danube, d'autres îles; mais laquelle peut rivaliser avec Sainte-Marguerite? En face d'elle sont les vignes qui donnent l'un des précieux vins de Hongrie. L'île est couverte, à ses bords, de platanes gigantesques, de peupliers du Canada, que les rayons du couchant dorent comme certains arbres des missels et qui se détachent harmonieusement sur la blancheur laiteuse du Danube. Le soleil, énorme, arrondi, tout rouge, semble accroché au-dessus d'une mosquée, que les Turcs viennent visiter en pèlerinage, qui renferme les restes du marabout *Gul Baba*— père des roses,— et dont l'entretien est obligatoire pour le gouvernement hongrois, car il figure au traité de Carlowitz.

Une étoile fidèle, pâle encore, suit Apollon dans sa course. Mais le spectacle extraordinaire qu'offre Sainte-Marguerite, c'est une source d'eau chaude, qui bouillonne sur une tour, à trente pieds de hauteur, jaillissant d'un puits artésien dont la température est de 36 degrés.

La source brûlante glisse sur des ruines pittoresques, et s'élargit en nappe immense pour se précipiter dans le Danube. Les colonnes de fumée qui s'échappent des flancs du Vésuve donnent seules une idée de la puissance des colonnes de vapeur qui s'échappent de la source Sainte-Marguerite. Elle dépose sur les pierres de la tour les mêmes couleurs d'arsenic et d'or que les solfatares.

On ne peut trouver, ailleurs que dans l'île, de plus belles prairies, des champs de fleurs mieux groupées, des arbres plus plantureux. Les thermes de Sainte-Marguerite sont très beaux et très riches, la plupart des piscines étant faites de porphyre ou de marbre précieux.

Budapest est vraiment la ville des eaux chaudes et des bains (1)..On y compte un grand nombre de sources. Toutes les classes, les plus hautes et les plus basses, fréquentent les thermes des rives du Danube. A Sávosfürdö (Bruckbad), il y avait autrefois un bassin où les malades, hommes et femmes, se baignaient ensemble. A Császárfürdö (Kaiserbad), plus élégant, il y a des bassins immenses où l'on nage.

Le Danube blanc rougit; mais bientôt il devient sombre, presque noir, et dramatiquement beau. Dans le ciel, un croissant turc apparaît; le traité de Carlowitz n'a pu le supprimer; une étoile se lève avec la lune, pareille à l'étoile qui, tout à l'heure, suivait le soleil à son coucher.

L'éclairage des rives du fleuve, des ponts, des

(1) Les villes de Buda et de Pest étaient jadis deux communes distinctes. Elles sont aujourd'hui réunies sous le nom de Budapest.

rues de Buda et de Pest commence. En quittant
l'île, au retour, nous voyons l'illumination gagner
la ville. C'est un spectacle unique; l'eau réfléchit
toutes les lumières. On se croit dans une Venise
immense. Les plus petites choses prennent des
proportions magiques, et il semble qu'on entre
dans la plus grande des capitales.

En revenant d'une excursion, si l'on veut aller
au théâtre, il faut se hâter, car toutes les repré-
sentations — opéra, comédie ou drame — commencent à sept heures et finissent à dix. Généralement
on goûte avant le théâtre. Après, on va dans le
monde, où ceux qui reçoivent donnent à souper;
ou encore on revient chez soi, ramenant des amis
qui admettent qu'on les invite à première rencontre,
toujours libres de vous dire : C'est impossible; mais
qui, s'ils acceptent, le font avec joie, et apportent
le plaisir dans des réunions improvisées.

Il serait facile de faire l'histoire de la Hongrie,
par son théâtre. Les Hongrois n'ont pas de vieux
répertoire national. La politique et la littérature
allemandes ont opprimé leur esprit comme l'avait
opprimé la littérature latine. Seules la littérature et

la philosophie françaises ont pu, au xviiie siècle, pénétrer l'esprit hongrois. Une école française, ayant à sa tête Bessenyei, se forma et eut une influence heureuse sur le développement de l'esprit magyar. J'ai dit quelles luttes le peuple magyar eut à soutenir pour faire admettre sa langue par les hautes classes et par ceux qui le gouvernaient. En 1821 seulement, un premier théâtre hongrois fut ouvert à Kolosvár (Klausenburg) dans la Transylvanie, pays des vieux Huns. C'est à Kolosvár qu'on joua le premier opéra hongrois, en 1824. Depuis un siècle, il y avait des troupes hongroises, mais qui jouaient la plupart des pièces traduites du théâtre allemand et français.

Beaucoup plus tard, le théâtre national de Budapest s'ouvrit, — le 22 août 1837; pour avoir été tardive, cette ouverture n'en fut pas moins brillante. On joua une allégorie : *le Réveil d'Arpád*.

A cette époque, il existait, en Hongrie, quatorze troupes de comédiens. Aujourd'hui vingt-cinq à trente troupes, au moins, parcourent la province. Une trentaine de villes possèdent un théâtre à demeure. Mais les comédiens visitent parfois jusqu'aux plus petits villages. On joue tour à tour la comédie, le drame, l'opérette. Ces troupes sont bonnes, car le théâtre est partout suivi; la société le fréquente, et le clergé catholique, les pasteurs protestants, y sont fort assidus. Jamais un prêtre ne tonne en chaire contre l'art dramatique. De 1840 à 1860, le théâtre hongrois fut dans toute sa gloire, Mlle Róza Laborfalvi, aujourd'hui Mme Maurice Jókai, y ajoutant l'éclat d'un incomparable talent.

La salle du Théâtre-National de Pest est bleue et blanche, en l'honneur de la reine Élisabeth, qui est née princesse de Bavière. Sa décoration, à la fois très originale et très délicate, prépare l'esprit à l'harmonieux plaisir de la musique; pas un ton criard. Seul, l'orchestre est un peu trop bruyant, à cause des sonorités de la salle; mais il est si parfait, les chanteurs si excellents, que l'oreille ne souffre pas. On joue le grand drame, la grande comédie et l'opéra au Théâtre-National; j'y ai entendu *Fédora, Hamlet;* mais je confesse, malgré mon fanatisme patriotique, et mon admiration pour Ambroise Thomas, que ce qui m'a le plus charmée, c'est l'opéra de François Erkel : *Ladislas Hunyadi*. Voilà bien l'opéra national ! Un grand souffle d'inspiration y passe. On sent une œuvre conçue à travers un fait réel de l'histoire, digne d'appartenir à la légende héroïque d'un peuple. La grandeur barbare des personnages, rendue dans un style musical plein de bravoure, d'ardeur et de foi, enlève l'admiration par des effets inattendus, dramatiques, puissants. Il est impossible d'écouter *Ladislas Hunyadi;* on le chante avec les chanteurs, avec l'orchestre. Je l'entendrai toujours, et il me semble, lorsque je retrouve l'un de ses airs dans ma mémoire, qu'ils sont la voix même de la patrie hongroise.

J'ai vu peu de toilettes à l'Opéra de Budapest ; en revanche, les auditeurs y prennent au sérieux la musique, qu'ils connaissent et qu'ils goûtent. On fait une demi-obscurité dans la salle, dès que la toile se lève, afin de concentrer toute l'attention du public sur la scène. Un ton parfait règne au Théâtre-National. Le silence y est religieux dès la première mesure battue par le chef d'orchestre ;

mais sitôt que la toile est baissée, au dernier coup
d'archet, la salle éclairée s'anime, le bruit des
conversations dans une belle langue arrive agréablement à l'oreille. Je ne dirai pas quels regards sym-
pathiques y cherchent, quels murmures flatteurs y
accueillent l'hôte que la capitale se plaît à recevoir.
On se sent orgueilleuse d'être Française à Budapest.

Au Théâtre-National on chante et on joue en
hongrois, mais on accepte que la prima donna ou
le premier sujet chante ou joue en sa langue.
Fédora, que je connaissais et qu'il m'était facile de
suivre, est jouée à ce théâtre par Mlle Helvey, très
belle personne, éprise de son art, dont le grand
talent ne peut que grandir encore. Le seul reproche
qu'on puisse faire aux acteurs de Pest, est qu'ils
forcent leurs effets; mais la faute en est au public,
qui applaudit à tout rompre les chanteurs et ne
soutient pas du tout les acteurs. De là, ce besoin
d'exagérer le jeu dans certaines scènes.

Au Théâtre-Populaire, qui s'ouvrit en 1875, on
chante des opérettes hongroises, morales et char-
mantes, parfois très dramatiques, dont beaucoup
sont faites pour la plus spirituelle, la plus jolie, la

plus séduisante des chanteuses légères, Mme Blaha.
C'est la grande charmeuse de la Hongrie. Elle a,
de Judic, la moqueuse naïveté; de Granier, l'im-
prévu; de Galli-Marié, la mélancolie et la force.
Le Théâtre-Populaire est dirigé par M. Evva, à
propos duquel les journalistes de Budapest se sont
plaisamment exercés pendant mon séjour, en mêlant son nom au mien.

La salle du Théâtre-Populaire est fort belle et
de grand goût. Les architectes et les décorateurs
l'ont faite extrêmement riche, sans qu'elle soit
lourde ni chargée.

On bâtit, en ce moment, à Budapest, un Grand-
Opéra, pour laisser au Théâtre-National le drame
et la comédie. Ce théâtre en construction est fait
sur le modèle de notre Grand-Opéra.

L'une des meilleures tragédies hongroises est
Bánk-Bán, qu'Emmanuel Glaser m'a traduite et
qui a des beautés shakespeariennes. J'avais songé
un moment à l'adapter à notre scène; mais elle
est, par ses qualités hongroises mêmes, inaccep-
table pour le public français. Les scrupules de
Bánk-Bán, qui hésite à trahir les princes d'Anjou

oppresseurs de son pays, ne nous intéresseraient guère ; or, c'est là l'intérêt poignant du drame. Quelques jours passés en Hongrie peuvent seuls faire comprendre le sentiment chevaleresque de la fidélité jurée à un prince d'origine étrangère. Il y a aussi la *Tragédie de l'homme,* d'Émeric Madách, dans laquelle l'humanité défile tout entière, depuis le Paradis terrestre jusqu'à nos jours, en passant par la Révolution française. L'analyse en ferait sourire mes compatriotes, et cependant les tableaux sont superbes et les scènes puissantes. Le style, confus, gonflé par l'énormité du sujet, est parfois magnifique. Mlle de Vadnai, dont l'instruction et l'intelligence sont remarquables, a traduit pour moi et copié de sa jolie main, en quelques jours, les principaux chapitres de ce poème colossal. Qu'elle veuille bien accepter mes remerciements.

Je dois parler, plus longuement que je ne l'ai fait à propos de l'opéra, de la musique hongroise. Il suffit d'interroger le premier magyar venu, pour qu'il vous réponde : « La musique hongroise, avec son rythme particulier, ne peut être interprétée que par les tziganes » ; et il ajoutera certainement : « Durant trois cents ans les Hongrois n'ont pas eu de patrie ; c'est pourquoi les *Errants*, qui n'en ont pas, peuvent seuls rendre notre musique. »

Seuls, en effet, les tziganes peuvent rendre la sonorité, l'étrangeté, le *diable au corps* irritant, la gaieté amère, la mélancolie orgueilleuse de la musique hongroise. J'ai retrouvé dans les tziganes l'impression inoubliable que m'avaient laissée les bohémiens de Moscou et de Saint-Pétersbourg ; ceux-là s'accompagnent avec une espèce de mandoline, de laquelle ils tirent des sons rauques, horriblement plaintifs, de chat qu'on écorche. Ils mêlent le chant et la danse, et quelle danse et quel chant ! La musique y est le triomphe des dissonances, la chorégraphie y est un défi à toutes les règles, à tout l'art, à toute la science de la grâce et de l'équilibre. On croit d'abord qu'on ne pourra pas voir, qu'on ne pourra pas entendre ce charivari, cette cacophonie, qui donnent des accès de folie, des crises de nerfs, le vertige ; mais la continuité, les reprises de ces chants, de ces pas sauvages, vous y font trouver un charme bizarre, une volupté semblable à l'engourdissement qu'on éprouve en regardant des points brillants qui brûlent les yeux.

L'orchestre des tziganes est moins simple que celui des bohémiens, et il est autrement harmonieux. Il se compose de huit à quinze musiciens. Leurs instruments sont des violons, des basses, des contrebasses, un tympanon, une petite clarinette. Le tympanon ou *czimbalom* est une boîte oblongue, de 70 centimètres environ sur 50, dans toute la longueur de laquelle sont tendues une multitude de cordes métalliques de diverses grandeurs; l'exécutant y promène avec une rapidité fantastique deux maillets enveloppés de coton.

J'ai été initiée à la musique hongroise par M. de Bertha, qui a fait, il y a quelques années, le travail le plus succinct et le plus clair qui ait été publié en France sur ce sujet.

C'est par la musique que les tziganes ont charmé les Hongrois. Jamais, en Hongrie, ils n'ont été persécutés, chassés, traités en parias. Dès la Renaissance, ils sont de toutes les fêtes hongroises ; on ne s'amuse pas sans eux. Aussi, n'ont-ils d'autre

but, d'autre métier, d'autre art, que la musique ;
ils y trouvent des ressources, une sauvegarde, la
liberté.

Les Hongrois aiment follement leur musique ; ils
l'aiment surtout guerrière, violente, sarcastique,
heurtée. Les tziganes lui laissent tous ses caractères, et cependant l'harmonisent.

Il faut entendre, dans un banquet, la *Marche de
Rákóczy*, suivre et voir, au même moment, la
furia des tziganes et l'enivrement triste des Hongrois. C'est un spectacle unique, le plus émouvant
du monde. Que de luttes passées, que de gloires
regrettées, que d'espérances, les sons de cette
marche font tourbillonner dans une tête magyare !

La *Marche de Rákóczy* paraît avoir été un chant
populaire inspiré par la révolte du prince Rákóczy
et arrangée par le tzigane Bihary, vers l'an 1809.
La musique de la marche est très belle lorsqu'on
l'entend sur une place publique ; faite pour entraîner au combat tout un pays, pour rappeler la
gloire nationale, elle est terrible à écouter dans
une salle, si grande qu'elle soit.

Le peuple hongrois lui-même a fait sa musique.

Les vieux airs sont presque exclusivement des airs
guerriers ; les nouveaux sont des airs de danse,
ceux avec lesquels on danse le *csárdás,* la danse
nationale. Les chansons les plus curieuses sont
les chansons des *csárda's* — airs d'auberges, —
composées par les paysans, les bergers, souvent
par les brigands, et dont l'âpreté farouche porte
au mépris de la mort, à la haine, à la vengeance,
à l'amour, à l'héroïsme ; puis, il y a les chansons
des soldats, des étudiants, etc.; toutes naissent,
aujourd'hui, comme les anciennes, dans les auberges, à la veillée, aux champs, à la guerre.

L'accompagnement des airs de la musique
hongroise est monotone. C'est lui qui engourdit
un peu l'esprit et calme la surexcitation des
sens.

Quand la *banda* des tziganes est bonne, elle fana-
tise son public. Le *primás,* ou chef, est d'ordinaire
habile et fin. Il devine ce qu'il doit faire jouer ;
ses musiciens attaquent, reprennent un air, sur un
signe de lui ou sur une mesure. Ce sont de merveilleux exécutants, infatigables. Sauf le *primás,* souvent aucun musicien de la bande ne connaît la

musique. Ils la retiennent rien qu'en l'écoutant. C'est le violon que les tziganes préfèrent à tous les instruments. Un tzigane enfant, m'a-t-on raconté, qui n'a jamais touché de violon, en joue, si on lui en met un dans la main ; les petits tziganes s'exercent avec la tige du maïs, dont ils font un instrument à cordes

Les bandes des tziganes sont très nombreuses en Hongrie. Pas une bourgade qui n'ait la sienne.

Je ne sais si les tziganes ont des opinions politiques, mais ils ont des opinions sociales qui paraissent bizarres ; ils sont passionnément anti-sémites. Dans les désordres de Zala-Egerszed, le grand excitateur était un tzigane. Ces rêveurs, ces poètes ne comprennent pas qu'on s'intéresse à un pays surtout par ses côtés économiques, en raison de sa valeur de production, et ils disent que certainement les Juifs aiment la Hongrie, mais pour la dévorer.

LES GRANDS HONGROIS

JOKAI — PULSZKY — GYULAI — LISZT

Je désirais connaître personnellement Jókai, Paul Gyulai et Liszt, connaissant déjà Pulszky. Je les invitai à déjeuner ; ils acceptèrent, sauf Liszt, déjà engagé, mais qui promit d'être des nôtres aussitôt qu'il pourrait s'échapper.

En France où l'on est peu curieux des célébrités européennes, le nom de Maurice Jókai n'est cependant pas étranger à ceux qui lisent. Si, par ignorance de ses œuvres, tous ne l'apprécient pas encore à sa valeur, beaucoup savent que cette valeur existe et sont prêts à la reconnaître. Jókai est un écrivain de premier ordre : lettré, instructif, émouvant, gracieux, original, doux et fort, ayant un style très personnel ; il sait, sous toutes les formes, exalter les plus nobles sentiments. Ses grands romans, d'une philosophie si humaine, rappellent, par l'idée qui les domine, les *Misérables*, les *Travailleurs de la mer, Quatrevingt-Treize*. Les Hongrois disent que Jókai est leur Victor Hugo ; mais Jókai, à mon avis, ressemble surtout, comme artiste, comme patriote, à mon noble et regretté ami Ivan Tourguéneff. Il n'a ni les foudres ni les grands coups d'aile de Victor Hugo. C'est surtout un homme de son époque ; vibrant au spectacle des plus petites souffrances, et, comme le grand écrivain russe, ayant, sur ses compatriotes opprimés, une influence bienfaisante ; il les a aidés à supporter les mauvais jours, les a consolés des triomphes momentanés du mal en châtiant le vice dans ses livres. L'auteur du *Nabab hongrois,* du *Nouveau Propriétaire* a vu, comme l'auteur de *Fumée* et des *Récits d'un chasseur,* le servage aboli et les classes pauvres renverser les murailles qui les enfermaient depuis les siècles des siècles.

A 22 ans, Jókai fit un drame : *le Garçon juif*,
qui eut un grand succès et prépara celui de son
premier roman : *les Jours ouvriers*. Dans toutes les
branches de l'art d'écrire, que Jókai cultiva, il
sut être maître à chacun de ses coups d'essai. Le
journal *Eletképek* eut la fortune de publier ses
admirables *Tableaux de la vie*.

Patriote ardent, il devint, en 1848, le défenseur
passionné de la liberté. Son courage, ses écrits lui
valurent l'honneur d'être persécuté. Il alla en
prison et souffrit de toutes les souffrances dans sa
lutte contre la tyrannie.

Jókai n'est pas seulement une intelligence ;
c'est une grande âme, que son beau visage reflète.
En cela, il ressemble à Tourguéneff et me le rappelait à chaque instant. Le large front est sans
autre pli que celui de la pensée entre les deux
sourcils ; les yeux, un peu couverts, ont un regard
qui porte loin ; le nez, bien dessiné, aux ailes
fixes, témoigne de la bonté, sans mobilité. Sa
barbe, longue et grise, a la forme de celles
qu'on nomme partout « la barbe de 1848 ». Il a la
bouche fine et le sourire mélancolique de l'obser-

valeur. On admire Jókai et on l'aime. Très distingué, il est grand, mince, élégant, avec de belles mains. Rien ne peut rendre ni le charme de son regard interrogateur et doux, qui doit provoquer les confessions du bien, ni la noblesse sereine de son attitude.

Le grand écrivain hongrois est très fécond, de la fécondité du génie ; il produit sans cesse, et sa popularité est sans bornes. Jókai semble né pour tout ce qu'il fait : c'est un journaliste incomparable ; orateur magistral, il parle à la Chambre, où il est très écouté, et dont il fait partie depuis le commencement de sa vie politique. Comme opinion, il appartient au parti libéral, c'est-à-dire à M. Tisza. « Je suis un mameluk », dit-il. Jókai est une grande force pour le président du conseil. Comme je lui reprochais sa dépendance, lui répétant que les écrivains sont nés pour faire de l'opposition, ce qui alimente le mouvement de leur esprit et les oblige à le communiquer aux autres : « Je suis un mameluk » ! recommença-t-il en souriant.

Avec M. Tisza, le danger que court un artiste est

grave ; il peut frapper à mort le génie, car il fait courir le risque d'être bourgeois ! Je m'expliquerai plus tard à ce sujet.

Pulszky a 70 ans, mais il est jeune entre les jeunes ; avec son nez d'aigle, ses cheveux longs, sa bouche narquoise, ses yeux que la malice ne quitte pas, il est le plus spirituel de tous les archéologues contemporains et le plus savant de tous les hommes d'esprit. A la Chambre des députés, où il a siégé presque constamment, il a toujours été l'apôtre des idées libérales. Avant 1848, il était déjà correspondant des principaux journaux de l'Europe et préparait l'opinion en faveur de l'indépendance hongroise.

A la révolution, il joua un grand rôle, étant l'ami, le confident de Kossuth. C'est lui qui, dans un moment difficile, fut envoyé à Londres, en mission. Pendant ses années d'exil, il séjourna en Angleterre, accompagna Kossuth en Amérique, puis vécut en Italie, où il devint l'ami de Cavour et de tous les hommes d'État importants du pays. En 1867, il rentra en Hongrie, Sadowa ayant été une défaite pour l'Autriche, mais une victoire pour la patrie hongroise. Redevenu député, il fut une des lumières du parti Deák et se brouilla avec Kossuth. C'est seulement dans le dernier voyage de Pulszky en France que la réconciliation s'est faite entre les deux vieux héros de 1848.

Maintenant Pulszky est directeur des musées hongrois, où il organise, secondé par son fils, de très belles et très savantes expositions. Il est grand maître de la franc-maçonnerie en Hongrie et, à ses moments *perdus*, comme il dit plaisamment, journaliste. Le *Neues Pester Journal*, et le *Pesti Napló* publient souvent des articles de Pulszky, les plus spirituels et les mieux argumentés qu'on puisse écrire. Un article de Pulszky, comme une lettre de Kossuth, est lu dans tout le pays magyar. La Hongrie a une presse et le peuple hongrois une opinion.

Paul Gyulai n'a pas 60 ans, et il a l'air d'en avoir 45. Poète de la grande école, il est en même temps et avant tout un grand critique, ce qui d'ordinaire paraît contradictoire. Depuis ses débuts dans les lettres, il fournit le rare exemple de posséder, à égal degré, deux qualités réunies :

l'inspiration et l'observation, la naïveté et le jugement. Peut-on être en même temps idéaliste et
analyste? ou faut-il dédoubler son esprit pour devenir tour à tour l'un ou l'autre?

Gyulai est président de la Société littéraire
Kisfaludy, secrétaire de section de l'Académie des
sciences. Ses premiers poèmes parurent en 1843
dans l'*Athénéum.* Il a été rédacteur du journal
Koszoru et dirige actuellement la *Budapesti Szemle,*
la revue littéraire la plus estimée en Hongrie. Il a
fait deux très célèbres biographies du poète hongrois Vörösmarty et de Joseph Katona, auteur de
Bánk-bán. Ses nombreux admirateurs attendent
de lui une biographie de Petoefi, dont il fut le
beau-frère.

On le voit, le journalisme joue un grand rôle
dans la vie littéraire des écrivains hongrois. Il y a
souvent une épée dans une plume, et le combat
journalier plaît à ces natures d'hommes d'action.
Kossuth lui-même a commencé par être un petit
journaliste.

En Hongrie, l'instruction étant très répandue, les
journaux ont une extrême importance; les paysans

qui tous, sauf de rares exceptions, savent lire, s'occupent des affaires de leur pays, discutent, jugent de la politique, et au besoin, les municipalités étant élues, en font. Pas une ville, m'assure-t-on, qui n'ait son cercle littéraire (casino). Dans les cafés, on lit autant de journaux qu'en France. Le plus mauvais journal a son lecteur. On m'a cité une ville de 25,000 habitants où, parmi les nombreux cercles et estaminets, il s'en trouve un qui a 105 journaux, soit quotidiens, soit hebdomadaires, chiffre incroyable. La liste en est affichée dans l'établissement : journaux hongrois, allemands, anglais ; journaux politiques, littéraires, illustrés, comiques ; journaux d'agriculture, d'enseignement ; jusqu'à des revues de mode, tout s'entasse, s'empile à un moment donné, pour circuler un moment plus tard dans tous les coins de l'immense salle, et être dévoré.

Les journaux hongrois, surtout ceux de Budapest, sont imprimés avec soin, sur de fort beau papier. Le *Nemzet*, le *Pester Lloyd* et le *Pesti Napló* n'offrent pas moins de huit pages de texte par jour, en deux éditions, à leurs nombreux abonnés, et

cela pour un prix inférieur à celui de nos journaux
parisiens. L'*Egyetèrtès* a le monopole presque
exclusif des petites annonces, ou correspon-
dances, qui sont d'une hardiesse frisant le cy-
nisme. On peut croire que de mauvais plaisants
font la gageure d'y envoyer des choses comme
celle-ci :

« Un Monsieur, aimant beaucoup les dames et
trouvant plaisir à leur offrir des cadeaux, prie celles
qui auraient besoin de quelques objets de toilette
de lui envoyer, par la voie du journal, leur photographie et leur adresse. »

Et encore :

« Je désire faire la collection des portraits des
plus jolies femmes de la capitale. Que celles qui
ont des prétentions justifiées pour figurer dans ma
galerie veuillent bien m'envoyer leur adresse, avec
leur photographie. »

Inutile d'ajouter que, parmi les citations qu'on
m'a traduites, j'ai choisi les plus convenables.

A déjeuner, Jókai, Pulszky, Gyulai et moi, nous
causons politique. Si Jókai est un mameluk, Pulszky est un indépendant. On peut dire de lui ce

que Mme de Ségur disait en voyant entrer seul Casimir Perier dans la Chambre des députés, à Versailles : « Voici mon père et son groupe. » Pulszky sait tant de choses, que dans le nombre il s'en trouve parfois de contradictoires et qu'il passe pour versatile ; c'est surtout un encyclopédiste.

— Il n'y a pas de science que Pulszky ne connaisse, dit Gyulai.

— Je suis un puits, ajoute le savant.

— Il n'y a pas d'art qu'il...

— Mesdames et Messieurs, achetez le *Guide Pulszky*, bon pour les musées, fait le directeur en interrompant.

— Sais-tu, Pulszky, que tu te ranges? lui dit gravement Jókai ; et je t'en félicite. Dans la question des mariages mixtes entre juifs et chrétiens, apprenez, Madame, ajouta Jókai, que Pulszky, ayant vu M. Tisza faire la proposition de ce mariage et la gauche le rejeter, il nous a soutenus.

Gyulai trouve que Pulszky a raison, que la vérité est une, qu'il faut la chercher partout, ne se laisser arrêter par rien, lorsqu'on a l'occasion de la reconnaître ; la vérité, de sa nature, étant le bien, ne peut faire naître des scrupules dans un esprit droit.

— Je n'ai pas dit que Pulszky eût un esprit droit, réplique Jókai ; j'ai dit qu'il avait été raisonnable et plus intelligent qu'à l'ordinaire, le jour où il a pensé avec M. Tisza, comme M. Tisza.

— Assez! dit Pulszky.

— De quoi te plains-tu? demanda Gyulai. Je te conseille d'accepter le compliment ; il est probable qu'avec ton indépendance, tu ne le mériteras pas souvent. Prends-le, puisqu'il te vient. Un honnête homme, en politique, doit faire ce que fait un critique en littérature : ne s'inquiéter ni des amitiés ni des inimitiés.

— On ne peut pas le faire taire, s'écria Pulszky. Te souviens-tu, Jókai, de ton duel avec Gyulai, à propos des poésies de Tóth? Tu prétendais que l'œuvre était admirable, et Gyulai écrivait qu'elle était exécrable. Dans ce duel, Madame, me dit Pulszky, Gyulai fut blessé à la jambe, mais en tombant il s'écria : « Jókai, les vers de ton protégé sont de méchants vers tout de même! »

— Je le répète encore, ajouta Gyulai.

— Je ne me bats plus, répliqua Jókai.

— Eh! mais, dit Pulszky à Jókai, est-ce que nous ne nous sommes pas battus, nous aussi?

— Oui, mais je ne sais plus pourquoi.

— Parbleu, je me souviens; c'était pour un article de moi que tu n'avais certainement pas lu.

— Le motif était bien futile, en tout cas, repartit Jókai, car nous sommes restés bons amis. Si je ne me trompe, à peine engagés, nous nous sommes tendu la main. J'étais ardent autrefois, comme l'est encore Gyulai.

— Je ne suis pas ardent, je suis ferme, quand je crois avoir raison.

— Si « ardent » ne te plaît pas, mettons entêté, dit Pulszky.

— Moi, je suis devenu calme, ajouta Jókai, ayant fourni ma part d'héroïsme. J'ai souffert en prison, j'ai travaillé à conquérir la liberté, maintenant je suis...

— Mameluk! répond Pulszky, on le sait, grand Dieu!

— Eh! oui, j'aime Tisza, je crois en lui. Il est calviniste comme moi, libéral comme moi. J'ai peur des révolutions comme lui. Je sais comment on les fait, j'en ai fait une, je ne veux plus en refaire. J'ai été vaillant, peut-être suis-je devenu pusillanime. J'ai été chevaleresque, je suis pratique ; je tiens à ce qu'on fasse de bonnes finances avec la bonne politique de Tisza, qu'on vote, quand il y aura de l'argent, des chemins de fer et des digues.

— Oui, dit Pulszky, j'ai donné un nom à tout cela : c'est la politique du fiscalisme, plus souvent faite pour le percepteur que pour le contribuable. Mais nous sommes à table. Si nous goûtions d'autre chose que de la politique économique ?

Et avec un entrain, une belle humeur, un esprit adorables, le directeur des musées fait le boniment de son exposition des émaux hongrois. Il parle ceintures, aigrettes, brandebourgs, selles, gaines de sabre, couronnes, images saintes, trésors d'église, coupes à boire, bagues, montres, bijoux de femme, style de ces émaux qui ne sont ni byzantins, ni allemands, ni renaissance, ni turcs, mais qui sont hongrois, d'une richesse, d'une variété, d'une grâce, d'une puissance de couleurs, d'une harmonie extraordinaires, comme j'ai pu m'en convaincre le soir même, impatiente d'admirer tant de choses décrites d'une façon si éblouissante.

— Ah! le costume, dit Pulszky, c'est la seule liberté que je regrette. Ces magnifiques ornements que portent encore nos magnats et nos nobles dans les cérémonies publiques, quel caractère cela donne à un peuple! Avec un costume, le grand seigneur est grand seigneur, le paysan n'est déplacé nulle part. Le costume, en voulant être égalitaire, a créé un plus grand écart entre les individus par la seule distinction. Aujourd'hui, l'uniformité du costume fait mieux ressortir encore la vulgarité. La pelisse de drap fin, accrochée avec des émaux, la toque avec des aigrettes, les grandes bottes avec de riches éperons, le sabre recourbé enrichi de pierres précieuses, si tout cela n'existait pas, je ne pourrais l'inventer, et alors où serait mon exposition?

— Est-ce que vous aimez le caractère hongrois? me demanda Gyulai; avez-vous déjà une opinion sur lui? Vous êtes reçue avec un grand enthousiasme; ne laissez pas dire que nos sympathies ne durent pas, que nous sommes inflammables, mais vite éteints.

— Vous voulez mon premier jugement sur les Hongrois, répondis-je, le voici : je ne vous le donne pas pour approfondi, c'est un simple aperçu. Je vois les Hongrois spontanés, je les crois sincères ; ils n'excitent pas leurs sentiments avec leurs nerfs, ne les entretiennent pas par un besoin constant d'éprouver quelque chose. Ils reçoivent une impression et la gardent volontiers lorsqu'elle s'y prête ; si elle ne mérite pas d'être conservée et ne contient pas d'élément qui la renouvelle, ils la perdent. Les Hongrois sont loyaux vis-à-vis d'eux-mêmes, et détestent les semblants.

— Vous êtes bien bonne, dit Jókai.

— Très aimable, dit Gyulai.

— C'est trop flatteur pour nous, dit Pulszky, et ce n'est pas sans inquiétude qu'après cet aperçu, j'attends le jugement définitif.

— A mon tour de questionner, non sur les Hongrois, repris-je, mais, naturellement, sur les Hongroises. Avez-vous des héroïnes, comme nous avons Jeanne d'Arc, Charlotte Corday?

— Nous avons Ilona Zrinyi, Anna Bornemisza, Susanna Loránffy, Cecilia Rozgonyi, Mária Széchy,

Barbara Kemény; toutes les actions héroïques, celles-là les ont faites. Aujourd'hui, nos femmes magyares n'ont plus guère d'héroïsme.

— A quoi voudrais-tu l'employer? demanda Jókai.

. — Le fait est que, sous Tisza, répondit Pulszky, l'héroïsme est inutile, la beauté aussi. Est-ce que tu crois que M. Tisza a des notions quelconques sur la beauté? En voilà un qui se moque de la richesse du costume!

— Il va refaire de la politique! s'écria Gyulai; de grâce, Madame, arrêtez-le et laissez-moi vous parler de nos femmes à sa place. Les chansons nationales les décrivent « ni brunes ni blondes »; elles sont bonnes et tendres et se passionnent aisément pour ce qui est noble et généreux; leur beauté est à la fois forte et frêle; la femme hongroise a les épaules sculpturales et la taille d'une guêpe. Elle est pudique et quelque peu sensuelle. Chez nous, les femmes s'occupent, comme Pulszky, un peu trop de politique, même les paysannes, dans les élections.

— Elles aiment leur pays, s'en mêlent et font

bien, répliqua Pulszky; seulement leur pays n'a plus sa grande vaillance d'un autre temps, de mon cher jeune temps. Il n'y a que les femmes qui aient perdu à notre révolution. Les veuves avaient un droit qu'elles eussent désiré garder : le droit électoral.

— Comme les femmes russes l'ont encore; elles votent pour la terre, dis-je.

— C'est cela. Elles votaient par procuration. Kossuth, lorsqu'il fut nommé député pour la première fois, dut son élection à une influence féminine.

— Les femmes hongroises ne sont pas des femmelettes, reprit Jókai ; la plupart montent à cheval admirablement. Elles commencent à s'instruire.

— J'ai visité hier, ajoutai-je, un établissement d'instruction et d'éducation auquel vous vous intéressez, je crois, Messieurs, car j'ai vu vos noms inscrits au tableau des conférences. La présidente de l'association, Mme Veres-Beniczky, femme d'un esprit très élevé, m'a résumé le but qu'elle poursuit depuis un grand nombre d'années et qu'elle n'a pu réaliser en partie, après bien des luttes, que vers 1869. Aucune des femmes que je connais en Angleterre ou en Amérique, s'occupant avec sagesse de notre sort, n'aurait pu formuler mieux ce qu'il nous reste à conquérir. « Nous voulons, m'a dit Mme Veres-Beniczky, ouvrir aux femmes la source des sciences, afin qu'elles y puisent la force d'esprit nécessaire à leur vocation. Nous avons à combattre, pour vaincre les préjugés qui existent, en vue d'une éducation plus élevée et plus profonde de la femme. J'ai remarqué, ajouta-t-elle, que les élèves qui ont fait nos trois cours supérieurs sont plus modestes que les demi-ignorantes, savent mieux s'occuper et sont guéries de cette maladie morale, si pernicieuse aux femmes : l'ennui. »

— On m'a raconté votre visite, me dit Pulszky ; j'ai lu ce matin dans les gazettes le discours de bienvenue qu'une jeune élève vous a adressé et ce que vous avez répondu. Vous n'êtes donc pas, comme on l'affirme, partisan de l'égalité absolue des droits de l'homme et de la femme ?

— Je ne suis partisan de l'égalité absolue d'aucun droit. Il y a pour moi, étant donné la différence des sexes, non des droits égaux, mais des équivalences relatives. Parmi ces équivalences de droits, la femme travaillant et payant les impôts comme l'homme, je place l'instruction.

— En Hongrie, répliqua Gyulai, il est d'autant plus nécessaire d'instruire les femmes, qu'elles sont mêlées à la vie des hommes beaucoup plus que dans les autres pays. Vous verrez, aux banquets qu'on doit vous offrir, les femmes y prendre part. Elles vont à toutes les réunions publiques où vont les hommes, prennent les mêmes places au théâtre, s'occupent de tout ce dont nous nous occupons.

— A présent, dit Pulszky, que nous sommes submergés politiquement par les flots de la Tisza (1), qu'on nous gouverne, qu'on nous administre dans le plus petit détail, les femmes sont aisément à notre niveau ; mais peut-être est-il bon de les préparer au réveil intellectuel que nous aurons certainement lorsque, grâce à notre gouvernement et aux mameluks, nous aurons fait honneur à nos affaires et que nous nous serons enrichis.

— Les femmes sont-elles un peu protégées par les lois dans le mariage? demandai-je.

____

(1) La Tisza est aussi le nom de la rivière qui passe à Szeged.

— Nous n'avons pas encore de loi civile pour le mariage, me répondit Jókai; il est donc ce que le fait la religion. Sauf quelques garanties contre le divorce, le mariage est purement religieux. Les protestants usent du divorce, les catholiques ne l'admettent pas; mais il suffit que l'un des deux époux se fasse protestant pour qu'il bénéficie du divorce. Dans le mariage catholique, non seulement le divorce n'est pas admis, mais le mari, pour peu qu'il ait de l'influence, a la faculté de jeter sa femme à la porte et de faire traîner pendant des années la procédure qui doit la remettre en possession de sa fortune ou d'une rente obligatoire. Je connais des femmes catholiques, très riches, qui sont dans une affreuse misère.

Nous prenions le café. Tout le monde fume en Hongrie. On ouvrit les fenêtres. L'esprit de Pulszky brillait dans le salon, aussi pétillant d'étincelles que le soleil sur le Danube. Les trois grands écrivains de la Hongrie parlaient ma langue. J'étais bien en pays ami. Une émotion subite me prit. Mon cœur, reconnaissant de toutes les marques d'affection qui étaient venues me trouver chez moi, de toutes

les sympathies qui m'avaient accueillie au dehors,
déborda. Je serrai les mains de mes hôtes, qui
serraient les miennes en se réjouissant de mon
séjour à Budapest, et, les larmes aux yeux, je
leur dis :

— Je sens que ce que vous aimez en moi c'est
la France, et ce que j'aime en vous c'est la Hongrie.
Cessons un instant d'être autre chose que des patriotes et buvons à nos deux pays.

Liszt entra. Lui aussi a été bien Parisien et il
l'est resté. Le *Roi du piano* a soixante-dix ans,
qu'il porte fièrement. Tout le monde connaît Liszt
et sa vie. On sait que son père était pauvre et très
bon musicien, que des magnats s'intéressèrent à
l'enfant de génie et fournirent à son père le moyen
de le conduire à Vienne pour lui faire prendre des
leçons de Czerny et de Salieri. A douze ans, il
donna son premier concert, et fut un enfant prodige. Beethoven, présent à cette audition l'em-
brassa au front et lui prédit un grand avenir. Il
vint à Paris, où il donna trente concerts qui eurent un succès énorme, mais il ne put être admis
au Conservatoire parce qu'il était étranger.

A l'époque où il avait pour professeur Paër, il composa son premier opéra. En 1826 Liszt fit, avec son père, le voyage de Suisse, d'Angleterre, traversa la France méridionale, recueillant partout l'enthousiasme; mais l'année suivante son père mourut à Lyon. Le jeune homme revint à Paris où il connut alors l'affreuse misère. Il dut, un jour, vendre son piano pour manger.

Présenté à George Sand, il connut chez elle Victor Hugo, Lamartine, Henri Heine et Chopin, avec lequel il se lia d'étroite amitié. Ce fut en 1834 que commença la grande lutte de Liszt et de Thalberg. Paris eut des champions ardents de l'un et de l'autre. La seule concession que purent se faire les admirateurs des deux célèbres pianistes était celle-ci : Thalberg est le premier, mais Liszt est l'unique. L'Europe entière vit Liszt en 1837. Cette fois il ne provoqua plus seulement de l'enthousiasme, mais du délire. Des couronnes, des médailles, jusqu'à des épées d'honneur, lui furent offertes, en si grand nombre qu'elles ornent une salle du musée de Budapest.

Chef d'orchestre à l'artistique petite cour de

Weimar, de 1847 à 1861, il alla à Rome en 1865,
et, sans qu'on sût trop pourquoi, y devint abbé,
non ermite, quoiqu'il eût quelques diableries à se
reprocher. Depuis 1872, il est directeur de l'Académie de musique à Budapest, où il demeure trois
mois en hiver, puis le printemps le revoit à Rome,
et l'été à Weimar, près du grand-duc, qui est son
ami intime. Il ne m'appartient pas de juger Liszt
compositeur. Je reconnais volontiers que ses trans-
criptions des œuvres de Schubert et de Schumann
sont des chefs-d'œuvre; ses oratorios, *Sainte Élisabeth* entre autres, ses symphonies, ses études,
sonates, etc., quoique de valeur différente, sont
faites pour êtres admirées. Il est le grand maître
des grands effets d'orchestre; mais je m'arrête sur
le mérite suprême qu'on lui reconnaît en Allemagne
d'avoir inspiré et popularisé les œuvres de Wagner.
Ici, je perds toute notion de justice et je demeure
dans les partis pris de mon jugement. Je ne puis voir
en Wagner que l'insolent ennemi de la France,
comblé par elle; que l'homme infatué, détestable,
rencontré par moi, subi trop souvent chez la comtesse d'Agoult, lors de son passage à Paris, quand

il avait pour introducteur dans la société artistique française, Hans de Bulow, mari de Cosima Liszt, devenue Mme Wagner. J'ai détesté à cette époque cette personnalité féroce, cet homme ingrat. On peut me faire entendre du Wagner, on ne me fera pas le louer.

Liszt est doué de toutes les qualités qui ont manqué à son très illustre gendre. Il possède, au suprême degré, la bonté. Nul ne s'adresse en vain à son cœur charitable, à la noblesse de son caractère. Il faudrait écrire un livre pour conter les anecdotes où Liszt joue le rôle de bienfaiteur. Les pauvres, les institutions ont toujours trouvé sa main large ouverte, pour donner autant, et parfois plus, qu'il n'avait. Il a gagné la fortune d'un roi et l'a distribuée. Aussi est-il impossible de ne pas l'aimer autant qu'on l'admire.

Son visage est celui d'un apôtre. Il a les yeux souriants et doux, les cheveux longs, la bouche grande et bienveillante, le front vaste et très beau. Liszt est un homme du monde, sa conversation a les grâces de l'esprit autant que celles du cœur. Il charme également les hommes et les femmes.

Toute sa vie il a séduit les unes et captivé les autres. Liszt n'a qu'un défaut de caractère : l'impatience ; encore n'est-ce qu'au whist, lorsque ses partenaires commettent quelque maladresse et ne lui ménagent pas la victoire.

Jókai, Gyulai, Pulszky me quittèrent. Je demeurai seule avec Liszt, et nous causâmes du passé, auquel Mme Sand et Mme d'Agoult m'avaient initiée par leurs confidences. Arabella, des *Lettres d'un voyageur*, Nélida, de Daniel Stern, la comtesse d'Agoult, et George Sand enfin revécurent un instant avec nous sur les bords du Danube. Je crus revoir ces deux grands écrivains dont l'influence littéraire a été si puissante sur mon esprit. Je ne redirai pas notre conversation ; elle appartient à un chapitre de mes *Mémoires*.

POLITIQUE HONGROISE

DE 1848 A L'ÉPOQUE ACTUELLE

Il est impossible de juger la Hongrie, de la comprendre, de la connaître, sans parler beaucoup de politique. J'ai déjà dit que c'est le pays du monde où l'on s'en occupe, où l'on en fait le plus.

Au début de son histoire, le peuple hongrois, directement ou par ses magnats, a toujours exercé une action directe sur le pouvoir. Dans la promulgation de la Bulle d'or, sous Andréas II, en 1222, il était spécifié qu' « une ordonnance du roi n'est valable que si elle est approuvée par la nation politique ». Cette approbation avait lieu dans la plaine de Rákós. Un paragraphe disait : « Si le roi agit sans le consentement du peuple, chacun a le *droit légal* de lui résister. » Ledit paragraphe était l'article 31. La Pragmatique Sanction a remanié cet article en 1723. Les Hongrois ont toujours eu pour formule que « pour le bien du peuple, il ne peut y avoir d'opposant que le roi ».

Pulszky m'a répété plusieurs fois en riant : « La Hongrie est le pays des révolutions légales et loyales. »

Il m'est impossible de ne pas tracer à grands traits le tableau de cette révolution de 1848, pour ceux de mes lecteurs qui consentiraient à me suivre dans le champ de la politique hongroise actuelle, comme ils m'ont suivie et me suivront à travers mon voyage. Cette révolution ne s'explique, ne se comprend, que si, en l'étudiant, on se pénètre bien de l'esprit magyar, esprit particulier, qui n'admet la résistance au pouvoir qu'après avoir épuisé toutes les procédures, toutes les juridictions, toutes les démarches politiques pour obtenir des réformes. Chez nous, on commence par l'émeute, et l'on se demande après dans quel but on l'a faite.

Le 3 mars 1848, Kossuth s'imaginait commettre un acte de suprême audace en conseillant aux députés de la Diète, réunie à Pozsony (Presbourg), de demander au roi de Hongrie, empereur d'Autriche, un ministère responsable. « Il rendra inébranlable le trône des Habsbourg, disait le projet d'adresse rédigé par Kossuth, celui d'entre eux qui réformera le système gouvernemental actuel et donnera une Constitution libérale aux provinces autrichiennes. »

La Chambre des magnats vota, par acclamation, le 15 mars, cette adresse au roi. Une députation partit pour Vienne chargée d'obtenir de Ferdinand V la liberté de la presse, les droits égaux pour chaque classe, pour chaque religion, le jury, l'instruction du peuple, la convocation annuelle de la Diète, la réunion de la Transylvanie à la Hongrie.

La jeunesse patriote de Pest, ayant à sa tête Jókai, Petoefi, Vasváry, Daniel Irányi, — plus tard historien de la Révolution, — formulait, le 15 mars, en douze articles, les réclamations de l'opinion publique. La Diète votait une série de réformes qu'une délégation des deux Chambres porta à

Inspruck, chez l'Empereur. Quand les idées sont mûres, elles sont comme les fruits des arbres, qui, sous le même climat, se cueillent au même moment.

La députation des Chambres conduite par le comte Batthyány réussit en Autriche. Vienne, qui venait de conquérir le gouvernement parlementaire, désirait voir la Hongrie en possession des avantages qu'elle avait obtenus. L'empereur Ferdinand V nomma le Palatin, l'archiduc Étienne, son plénipotentiaire, et celui-ci présida, non sans restriction intérieure, à la formation du premier ministère hongrois, celui du comte Batthyány.

Le 23 mars, le cabinet Batthyány fut constitué.

Sous prétexte de conciliation, on y introduisit des éléments si divers, si contradictoires, qu'aucune fusion n'était possible entre eux. Deux hommes qui devaient jouer le premier rôle dans les destinées de leur pays, y entrèrent : Kossuth et Deák. Ce ministère satisfit tous les groupes de la Diète, qui tous y étaient représentés. Mais il fonctionna si mal que la Diète elle-même commença bientôt les hostilités contre lui. L'empereur, roi de Hongrie, après des essais d'entente infructueux entre le cabinet et la Diète, vint en personne prononcer la dissolution de cette dernière, et ce ne fut pas sans ironie qu'il souligna ces paroles : « Ce que m'a demandé la Hongrie, je l'ai fait, car dans le bonheur de mes peuples est mon bonheur. »

Le ministère national fit son entrée à Pest le 14 avril, remplaçant le comité de sûreté publique institué par Jókai, Petoefi, Daniel Irányi et Vasváry, signataires des douze articles. Un gouvernement régulier devait naturellement apporter des restrictions aux libertés que la ville avait prises; une grande habileté eût été nécessaire pour ménager la transition; mais les luttes intérieures du ministère, défavorables aux mesures d'ensemble, devinrent fatales à la réorganisation des pouvoirs publics. De son côté, l'empereur Ferdinand, qui domptait partout la révolution, se prêtait moins aux exigences de la situation.

Le peuple hongrois envoya à Pest, le 5 juillet 1848, une Chambre entièrement libérale. Pour la première fois, les magnats siégèrent avec les députés. Le roi ne vint pas à cette ouverture, mais il fit déclarer « qu'il sanctionnait, avec le plus cordial sentiment paternel, la réunion de la Transylvanie à la Hongrie ».

La majorité de la Chambre était si compacte, qu'elle espéra concilier les éléments divers du cabinet; mais, le 11 juillet, Kossuth déclara que celui-ci était réduit à l'impuissance, qu'il n'avait ni argent ni amis à sa disposition, que la cour de Vienne essayait, par tous les moyens, d'affaiblir son entente, de lui susciter des périls, et il signala l'invasion des Principautés moldo-valaques par les Russes.

« C'est en nous qu'il faut chercher notre force, dit-il; la nation qui ne subsiste que par l'assistance d'autrui, n'est pas née viable. »

A ce moment, la révolte des races non magyares menaçait l'intégrité de la Hongrie. Kossuth demande 200,000 hommes et l'argent nécessaire pour entretenir cette armée. La Chambre donne le spectacle de la grandeur du patriotisme : elle se lève tout entière et vote par acclamation les 200,000 hommes.

La patrie hongroise était menacée, trahie de toutes parts. Son roi, Ferdinand V, empereur d'Autriche, écrivait à son délégué Jellachich, qui soulevait les Croates contre les Hongrois, de « *persévérer* dans la voie où il était entré ». La trahison des officiers autrichiens était manifeste. Ils l'expliquèrent par l'impossibilité dans laquelle ils étaient de combattre des officiers, des généraux, qui avaient prêté le même serment qu'eux à l'empereur. Le président du conseil et Deák, chargés par leurs collègues et par la Diète de tenter une démarche auprès du roi de Hongrie, de l'éclairer, de lui demander justice, subirent une injure sanglante : à Vienne, on ne les reçut point.

Le comte Batthyány donne alors sa démission ; Kossuth est chargé de former un cabinet dans les circonstances les plus difficiles, que complique encore la politique hongroise, toujours soucieuse de légalité. Tandis que Jellachich excite les Croates à la révolte contre la Hongrie et répète dans ses proclamations, sans être démenti : « J'agis partout au nom de l'empereur », le ministère hongrois fait attaquer Jellachich au nom de l'empereur, roi de Hongrie.

La patrie hongroise, sans s'arrêter aux contradictions de la politique, s'était réveillée. Jellachich trouve la résistance d'un peuple qui se souvient de son antique bravoure. Une ville, réduite à ses seules ressources, se défend avec héroïsme. Des paysans armés coupent les communications; ils font la guerre avec tout ce qu'il trouvent : des fusils de chasse, des faux; les *csikós*, pâtres de la Puszta, avec leurs grands fouets terminés par des plombs, cueillent les cavaliers autrichiens sur leurs selles, ou leur crèvent les yeux. Jellachich croyait à une promenade militaire. il rencontre l'indomptable puissance du fanatisme patriotique.

En Autriche, les hussards hongrois désertent partout. Homme à homme, ils sont des héros; ils traversent un pays ennemi, supportent les plus affreuses privations, et viennent former en Hongrie le noyau d'un corps de cavalerie invincible. Chaque fois qu'arrive dans un village l'un de ces échappés de l'Autriche, l'enthousiasme tient du délire.

Jellachich est défait. Les Hongrois, préoccupés encore de légalité, n'osent le poursuivre, faute grave et irrémédiable. L'empereur s'irrite de la victoire, dissout la Diète, et, suprême insulte,

nomme Jellachich commissaire royal en Hongrie
avec des pouvoirs absolus : loi martiale, état de
siège.

La nation réclame à grands cris l'indépendance.
Mais la Diète, exagérément calme au milieu de
l'effervescence générale, se contente d'annuler la
décision du roi comme inconstitutionnelle, toujours préoccupée d'être légale dans la Révolution !
En écrivant cette histoire, la fièvre me prend
comme lorsque je relis mon journal du siège de
Paris. Quelle douloureuse impuissance dans ce
mot : on pouvait ! bien plus cruelle que celle qui
barre l'avenir par le mot : impossible !

Le 2 octobre 1848, ce fut Ferdinand V qui no-
tifia lui-même la rupture de la Pragmatique Sanction. Il abdiquait en faveur de François-Joseph,
déclarant qu'il voulait « réunir en un tout unitaire
tous les pays et toutes les races de la monarchie ».
Kossuth, avec une longanimité de politicien hongrois, se contenta d'en « appeler de la décision
de l'empereur » ! Windischgraetz, qui, aidé de
Jellachich, avait repris Vienne et triomphé de tous
les soulèvements des provinces, se présenta donc

en Hongrie, non pour combattre un peuple qui s'était repris et réorganisé, mais pour imposer la volonté souveraine à un ministère, à un Parlement, à un pays qui la subissaient encore.

Si le peuple hongrois donnait sa vie, suscitait des défenseurs à la patrie, c'était cependant pour conquérir l'indépendance.

Le général Bem faisait des miracles, dans la défaite comme dans la victoire. A force d'audace, de génie, il enlevait Nagy-Szeben (Hermannstadt) d'assaut, et décidait de l'issue de la campagne, cette ville étant le siège de la lutte anti-hongroise. Les Autrichiens et les Russes avaient été repoussés par Bem à Brassó (Kronstadt), et la Transylvanie reconquise en trois mois. Goergey venait d'être plusieurs fois victorieux contre les races non magyares révoltées, et faisait, malgré l'hiver, une admirable retraite. De son côté, le général Klapka empêchait l'ennemi d'avancer, Perczel était vainqueur sur la frontière de la Croatie, et Damjanich domptait la résistance héroïque des Serbes.

Le commandement en chef des corps réunis fut confié à Dembinski. Le général Goergey, aveuglé par la jalousie, prétendant au poste qu'on donnait à un autre, s'attacha à faire échouer toutes les combinaisons de son rival, et, à la bataille de Kápolna, en n'occupant point la position qui lui avait été fixée par Dembinski, il assuma la responsabilité de la défaite.

Windischgraetz remporta une victoire complète, et l'empereur François-Joseph crut la rébellion à tout jamais écrasée. Il octroya à ses États une constitution unitaire, le 4 mars 1849, et brisa l'indépendance légale de la Hongrie. Windischgraetz entra à Pest.

Le 14 avril, la Diète, réfugiée à Debreczen, proclame la déchéance de la maison de Habsbourg-Lorraine « non par témérité ni passion politique, mais parce que la patience de la nation est épuisée ».

Goergey, à force d'intrigues, d'habileté, parvient à succéder au général qu'il avait contribué à faire vaincre, et, aussitôt maître de l'armée, il la conduit à la victoire; mais dès qu'il apprend la proclamation de la déchéance, ses mauvais sentiments se réveillent par l'envie que lui inspire la situation de Kossuth, devenu de fait dictateur. Il quitte ses positions, et arrive à Pest sous prétexte de reprendre la forteresse de Buda. Le siège et ses suites lui firent perdre trois semaines, qui permirent au tsar de trouver le temps nécessaire pour venir sauver son frère d'Autriche.

L'enthousiasme du peuple, en face de l'abandon de l'Europe, d'un danger pour ainsi dire sans autre précédent que celui de la Révolution française, était arrivé au paroxysme. De même qu'en 92, un pays entier se souleva et donna à la patrie plus de 200,000 hommes, tous comparables à ceux de la trente-deuxième demi-brigade. Cette armée devait vaincre; mais Goergey, le fatal Goergey, ayant pris possession du ministère de la guerre, exploitait la confiance et, comment ne pas le dire? la naïveté de ses collègues; il changeait tous les généraux sous prétexte d'insuffisance, les enlevait à leurs troupes, qu'il décourageait. Bem seul resta, Goergey n'ayant pu ni osé toucher à celui qui, seul dans l'armée, obéissait encore à Kossuth.

Mais « notre père Bem », comme on l'appelait en Hongrie, malgré son héroïsme, entravé par le ministère de la guerre, perdit Brassó (Kronstadt), après avoir repris une seconde fois Nagy-Szeben (Hermannstadt) d'assaut. Il fut forcé de battre en retraite.

Durant ces alternatives de victoires et de défaites, le grand poète Petoefi, le « cher enfant » du vieux Bem, disparut. Capitaine d'état-major, le signataire des douze articles de Pest n'avait pas cessé de combattre en héros, ni cessé de chanter.

Petoefi, presque enfant, adorait la patrie hongroise; il l'évoquait dans ses vers (1) :

> Dieu, depuis longtemps, punit la Hongrie
> Qui ne sait plus rien de son avenir.
> Aura-t-elle encor de beaux jours sur terre?
>
> . . . .
>
> Notre blessure a plusieurs siècles,
> Et nul ne la cicatrise.
>
> . . . .
>
> Je suis amant, je suis Hongrois.
>
> . . . .
>
> Le Tartare est venu, le Turc ensuite;
> C'est miracle de Dieu, si la Patrie existe.
>
> . . . .

(1) Traduction de M. Charles-Louis Chassin.

Et quand la Patrie souffre,
Qu'est-ce donc que la gloire?
Un brillant arc-en-ciel,
Un rayon de soleil qui se rompt
Dans les larmes!

. . . .

Glorieux ancêtres de mon peuple,
Vrais ouragans dont le monde tremble,
Au temps jadis la Hongrie était grande.
Ah! que de jours, depuis, que de lauriers
Se sont fanés sur le front des Hongrois!

. . . .

Ta grande époque, ô Patrie, est si loin
Que maintenant on la croit une fable.
Nos yeux séchés ont retrouvé des pleurs;
Ces pleurs sont-ils, mon peuple, la rosée
De ton aurore ou celle de ton crépuscule.

En 1844, Petoefi chantait déjà :

Au ciel de la Patrie, des nuages
S'amassent, l'orage viendra.
Qu'il vienne donc,
Mon cœur est déjà préparé.

En 1845, à vingt-deux ans, le poète prophétisait
sa mort :

De mon cheval lorsque je tomberai,
Ah! qu'un baiser sur ma lèvre se pose,

Baiser de toi, divine Liberté,
Toi, le plus beau des êtres surhumains.

. . . .

Ah ! je voudrais que ce fût le printemps.
Printemps de guerre où les roses fleurissent
Rouges de sang sur le cœur des soldats.

. . . .

Où le clairon, rossignol des batailles,
Fait résonner sa chanson qui transporte.
J'y serai, et sur mon cœur, aussi,
Croîtra la fleur sanglante de la Mort.

Amant de la Patrie, Petœfi adora la Liberté,
et ne les sépara plus dans son cœur, à partir de
1848.

> Je suis à toi, Patrie ; à toi
> De cœur et d'âme.
> Que pourrais-je donc aimer
> Si je ne t'aimais ?
> Mon cœur est un temple, l'autel
> C'est ton image.

Il avait écrit, dans les premiers jours de mars :

Rayons du soir, réveillez les Hongrois
Qui, dans la nuit, pleurent sur la Patrie.

. . . .

La Patrie appelle, ô Hongrois !
Debout, à présent ou jamais !

> Être esclave ou bien être libre?
> Dis ce que tu veux, et choisis.

Le poète fait répondre aux Hongrois :

> Nous jurons
> De n'être plus esclaves!
>
> . . . .

Goergey continuait, dans l'armée, son œuvre de désagrégation. Après avoir placé son indulgent ami le général Klapka au ministère de la guerre, il reprit le commandement en chef des troupes hongroises.

Les Autrichiens, vaincus à Komárom, s'étaient réfugiés à Pozsony (Presbourg); Goergey, en s'attardant à Buda, leur donna le temps de se concentrer. Après la prise de Buda, il avait encore attendu ; Klapka ne cessait de répéter : « Il faut diviser les forces de l'ennemi ! » Goergey, au contraire, semblait tout calculer pour permettre aux Autrichiens de se rallier. Voulait-il vaincre par une grande action d'éclat, être proclamé sauveur de la Patrie? ou trahissait-il pour trahir? Au lieu d'envoyer ses troupes sur la rive droite du Danube, ce qui était

8

facile, il attaqua sur la rive gauche, pleine de
marais et traversée par des rivières.

Les forces supérieures de l'ennemi, qui avait
eu le temps d'être secouru, lui commandaient la
retraite. Il persista. Ministre de la guerre, général
en chef, nul ne pouvait contrôler ses actes, changer ses résolutions. Le gouvernement commettait
faute sur faute. En rentrant à Pest, il avait eu le
tort grave d'ajourner la Diète, quand il aurait dû la
constituer en permanence.

Haynau, certain que Goergey n'agirait pas, averti
de l'entrée des Russes en Transylvanie, marcha
sur Pest. Goergey y était venu, défendant avec
calme ses intérêts politiques, ne prenant aucune
mesure pour empêcher la marche de Haynau, qui
passait par des chemins laissés ouverts comme à
plaisir.

Enfin Goergey, se décidant à quitter la capitale,
revint vers ses troupes pour constater que l'ennemi
triomphait, engager le gouvernement à fuir Pest
et à se réfugier à Nagy-Várad, où les Russes
pouvaient arriver en quelques jours. Il demandait
qu'on l'abandonnât à son sort. La trahison était

flagrante, et sa jalousie de Kossuth poussée jusqu'au crime. Il voulait accabler son rival, dût-il payer cette coupable victoire par sa propre défaite, y perdre sa gloire de capitaine et l'honneur même.

Le gouvernement était à Szeged, n'osant frapper le traître. Kossuth courut après lui pour faire appel à son patriotisme. Il ne put le rencontrer, Goergey l'évitant sous prétexte de mouvements de troupes.

Bem fut enfin appelé comme généralissime par le gouvernement. Il quitta la Transylvanie, remettant le commandement à l'un de ses héroïques capitaines.

La Diète fut obligée d'évacuer Szeged et de suivre le gouvernement à Arad, mais elle ne se réunit plus. La séance du 28 juillet fut la dernière.

Goergey feignait d'attaquer l'armée russe et se défendait à peine. Il sacrifiait un à un ses lieutenants. Le vieux Bem fit replier tous les corps sur Arad, mais les généraux étaient frappés d'impuissance. Des contre-ordres, de fausses manœuvres, le manque de munitions, enfin le cortège de tout ce qui accable une armée dans la défaite, accablait l'armée hongroise. Bem, tombé de cheval, se brisa l'épaule et la déroute fut complète.

Le gouvernement, affolé par les événements, égaré par l'influence qu'exerçait sur lui Goergey, obtint de Kossuth qu'il déléguât ses pouvoirs à son plus implacable ennemi. Le dictateur, en quittant la scène politique, signa une proclamation dans laquelle il eut l'incroyable générosité — ou la faiblesse — d'admettre que Goergey pût sauver la Patrie. Faute impardonnable, qui dut, plus d'une fois, dans l'exil, hanter comme un remords l'âme du grand patriote.

A cette heure, Goergey pouvait encore être un héros, le pays n'ayant pas déserté la lutte, prêt à vaincre ou à mourir. Mais le châtiment de ceux qui font le mal est de n'avoir plus ni la ressource, ni l'énergie, ni la possibilité du bien. L'épuisement moral est une maladie incurable.

Goergey, dont les ouvertures avaient été repoussées par le duc de Leuchtemberg, auquel il proposait la couronne de saint Étienne, capitula sous prétexte « d'épargner à la Hongrie les horreurs de la guerre ». Injure dernière d'un traître à une patrie héroïque !

Le dictateur, jusqu'à ce qu'il eut réglé les termes de la capitulation avec le commandant de l'armée russe, laissa l'armée hongroise dans l'ignorance absolue de ses projets. La reddition eut lieu à Vilàgos. 23,000 hommes, officiers et soldats, rendirent leurs armes. Goergey demeura avec les Russes. Il obtint naturellement sa grâce de l'empereur d'Autriche.

La Hongrie devint province autrichienne. On fusilla le comte Batthyàny, qui avait résisté aux premiers entraînements populaires et contribué à maintenir la Révolution dans la légalité ; condamné à être pendu, il ne put l'être parce qu'il avait trouvé moyen de se blesser au cou la veille de l'exécution. On confisqua ses biens. Les treize généraux qui s'étaient rendus volontairement furent pendus. Des vieillards, comme le baron Sigismond Perényi, président de la Haute Chambre, ne trouvèrent pas grâce. Il y eut des milliers d'exécutions. Les femmes, les filles, les sœurs des condamnés subirent un outrage pire que la mort :

elles furent fouettées en place publique par les
Russes.

Haynau ne pouvait se désaltérer du sang hongrois.
Il régnait en tyran. Le code autrichien remplaça le
code national. La Transylvanie retourna encore
une fois à l'Autriche, détachée de la couronne de
saint Étienne avec la Slavonie et la Croatie. Aucune
liberté civile, religieuse, politique, ne subsista. La
langue allemande submergea de nouveau la langue
hongroise. Dix années horribles passèrent. Les
petites nationalités qui s'étaient révoltées contre
la Hongrie et avaient aidé à l'écraser, subirent le
même sort qu'elle (1).

.   .   .   .

La guerre de l'Indépendance terminée, grâce à
l'intervention russe, le gouvernement de Vienne
n'eut plus qu'une pensée : la vengeance.

Toutes les mesures que prit l'Autriche pour
écraser, pour ensevelir la Hongrie sous ses ruines,
n'exaspérèrent pas seulement la haine des patriotes,

(1) C'est à M. Daniel Irányi, auteur de la *Révolution en Hongrie*,
que je dois les documents et les notes qui m'ont permis d'esquis-
ser le tableau de la révolution hongroise.

elles détachèrent de l'usurpateur les partisans qu'il avait gardés. Les races non hongroises, dont la cour de Vienne s'était servie et qu'elle trompa dans leurs espérances, désertèrent sa cause.

Mais l'œuvre de germanisation et de centralisation, but ancien de la maison des Habsbourg, traversée plusieurs fois par les insurrections des nobles, fut reprise avec plus d'acharnement que jamais.

La guerre de 1859 et la défaite de l'Autriche à Solférino firent réfléchir le gouvernement de Vienne, d'autant mieux que la Hongrie semblait fort agitée lorsque lui parvint la première nouvelle de l'apparition du drapeau français en Italie.

Le diplôme d'octobre, publié en 1860, et les lettres patentes de février, ayant une apparence de Constitution, calmèrent les provinces de l'Autriche; elles n'apaisèrent point les Hongrois, dont les députés s'abstinrent de paraître au Reichsrath. Y entrer eût été accepter l'abolition de la Constitution hongroise et l'unification législative et administrative de la Monarchie.

L'empereur, désireux de triompher de ces résislances, et peut-être touché de la fierté hongroise, convoqua la Diète de Hongrie en 1861, mais pour la dissoudre bientôt après, lorsque, guidée par François Deák, elle réclama la reconnaissance et le rétablissement des lois de 1848. Ne pouvant vaincre ni l'opiniâtreté, ni la résistance légale des Hongrois et pris de sympathie pour eux, François-Joseph, après plusieurs entretiens avec François Deák, résolut de leur prouver sa sollicitude en leur donnant satisfaction. Peut-être se rappelait-il la prophétie de Kossuth, du 3 mars 1848 : « Il rendra inébranlable le trône des Habsbourg, celui d'entre eux qui réformera le système gouvernemental actuel et donnera une Constitution libérale aux provinces autrichiennes. » L'empereur convoqua de nouveau la Diète de Hongrie à la fin de l'année 1866.

La Chambre avait à peine commencé les travaux préparatoires de la revision des lois de 1848, quand la guerre avec la Prusse les interrompit. La Diète fut prorogée.

Après la défaite de Sadowa, l'article 12 reconnut l'autonomie intérieure de la Hongrie, à la condition

qu'elle-même consentît à l'unification austro-hon-
groise.

En juin 1867, l'empereur François-Joseph fut
couronné roi de Hongrie, et nomma un ministère hongrois sous la présidence du comte
Andrássy. Nous verrons plus tard quelle part le
comte de Beust prit, avec François Deák, dans
les arrangements de ce qu'on appela le dualisme.
Quoique Deák fût le chef du parti qui triomphait,
craignant de commettre la faute que Kossuth avait
commise en 1848, de prendre le pouvoir sans être
assuré d'une majorité constante, il ne voulut point
faire partie du ministère. Une minorité considérable refusait alors d'accepter le dualisme. L'opposition unie se divisa bientôt en deux parties sous
la double direction de MM. Irányi et Simonyi et de
Coloman Tisza. L'opposition de M. Tisza était modérée. En dehors de ce centre gauche, il y avait le
parti de 1848, qui prit, en 1874, le nom de parti
de l'Indépendance.

La majorité, appelée du nom de son chef « parti
de Deák », organisa l'administration, vota, avec l'as-
sentiment de l'opposition, la loi sur l'émancipation

des Juifs, l'égalité des droits des cultes chrétiens,
et fit accepter un emprunt de 60 millions de florins
pour la construction des chemins de fer.

Mais si, d'une part, cette majorité aidait au
bien-être matériel du pays, elle restreignait le
suffrage établi en 1848, exagérait les dépenses,
votait de nombreux emprunts pour de nouveaux
travaux sans s'inquiéter des ressources budgétaires.
Le mécontentement du peuple devant se traduire,
un jour ou l'autre, par le choix de députés de
l'opposition, la majorité gouvernementale inaugura
le système des candidatures officielles. Depuis, les
scènes de violence n'ont pas cessé de troubler les
élections, et elles vont s'aggravant à chaque période
de renouvellement législatif.

L'accroissement de la Dette et celui des déficits
avaient fait réfléchir tous ceux qui s'intéressent à la
prospérité du pays. Ces préoccupations amenèrent
au pouvoir Coloman Tisza, son ami Ghyczy s'étant
rallié depuis deux ans au parti Deák. M. Tisza déclara
que, pour aider au rétablissement des finances, il
acceptait la base des conventions de 1867. L'opposition modérée, dite centre gauche, suivit son

chef dans cette évolution, fusionna avec les anciens deákistes et prit le nom de parti libéral. L'extrême gauche, fortifiée par l'adjonction de quelques membres dissidents du centre gauche, resta inébranlable dans les principes que M. Tisza avait abandonnés. Elle continua de réclamer l'autonomie complète de la Hongrie, n'acceptant que l'union personnelle, non le dualisme, avec l'Autriche.

L'entrée au pouvoir de M. Tisza date de 1875.

Il m'a semblé que ce récit un peu long de la grande époque de la revendication de la patrie hongroise était nécessaire pour que mes lecteurs, en connaissance de cause, pussent juger comme moi, ou contradictoirement, la politique actuelle. J'entrerai donc avec eux, pour le décrire, dans le Parlement hongrois.

LE PARLEMENT HONGROIS

SA PHYSIONOMIE

Avant 1848, chaque département — comitat —
envoyait à la Diète — session des corps législatifs
— deux ablégats. La congrégation générale — conseil général du département — les élisait. Tout
noble majeur faisait partie de la congrégation;
par conséquent, sauf les ablégats des villes, celui
qui n'était pas noble ne pouvait devenir député.
Les députés, ou ablégats, recevaient de la congrégation des instructions générales qu'ils devaient suivre scrupuleusement. Lorsqu'une question importante surgissait dans le cours de la

session, la congrégation se réunissait et envoyait de nouvelles instructions; si l'ablégat se dérobait au mandat impératif, la congrégation le rappelait et envoyait un autre député à sa place. La Constitution de 1848 changea tout cela, divisa le pays en circonscriptions, et abolit le privilège de la noblesse.

La première Chambre basse fut nommée en juin 1848. A côté d'elle subsista la Chambre haute, dite des magnats, composée des princes du sang, du haut clergé catholique romain et oriental, des grecs orthodoxes, — le haut clergé protestant et juif en est exclu, — des princes, comtes et barons hongrois, des hauts dignitaires de la cour, de quelques anciens régalistes — invités royaux — de Transylvanie, et finalement, des comtes suprêmes, *föispán,* — préfets des départements.

Depuis longtemps déjà, la vie s'est retirée de cette Chambre, et tout le monde se trouve d'accord, elle comprise, pour rechercher un mode de réformes qui la reconstitue.

L'attention du pays est donc nécessairement concentrée sur la Chambre des députés.

La Révolution, en Hongrie, a été nationale et politique, point du tout sociale. Elle n'a pas séparé les classes. La première Chambre basse fut composée de nobles dont elle devait détruire les privilèges. Le peuple hongrois, connaissant le caractère chevaleresque de sa noblesse, appela pour le représenter ceux-là mêmes que la logique d'une situation obligeait de se sacrifier au bien public.

Mais, si les nobles hongrois se montrèrent dignes du choix que le pays avait fait d'eux, en abandonnant leurs privilèges, ils ne se laissèrent point conquérir par les idées de la Révolution, et la traitèrent plus d'une fois en ennemie.

La Chambre basse à Pest se compose de 444 députés, dont 334 élus par la Hongrie, 75 par la Transylvanie, 34 par la Diète de Croatie et un par la ville de Fiume. Elle est souveraine en ce qui concerne la politique intérieure : elle discute, formule, conclut sur toutes les questions de douanes, d'impôts, d'administration, de jurisprudence.

Le rôle de la Chambre des magnats ne consiste le plus souvent qu'à enregistrer les lois votées par la Chambre des représentants.

La Hongrie possède ce qu'on peut appeler le suffrage général. Le cens est si peu élevé, qu'il est accessible à presque tous les paysans. Il est de 10 florins — 25 francs ; — seuls les nobles qui exercèrent ce droit en 1848, ont conservé personnellement le droit de vote, même s'ils ne payent pas. Les plus grandes circonscriptions se composent de 3 à 4,000 votants inscrits. Par une faiblesse de la législation de 1874, on a laissé subsister une vingtaine de bourgs pourris où il n'y a pas plus de 100 à 300 électeurs. Naturellement, c'est sur ces bourgades — de la Transylvanie — que se précipite l'arrière-garde des gouvernementaux qui ont échoué dans la Hongrie proprement dite, où les élections sont plus difficiles à enlever.

La loi reconnaît électeur tout citoyen hongrois âgé de vingt-quatre ans qui a réellement payé son impôt d'au moins 10 florins. La liste électorale est close le 1er avril de chaque année. Ceux qui n'ont pas acquitté intégralement leur impôt sont rayés. On vote à bulletin ouvert. A côté du nom du votant est inscrit le nom du candidat pour lequel il vote. Des listes sont ensuite dressées ; elles forment un

document public, dont l'élu reçoit d'office un
exemplaire, afin qu'il puisse reconnaître amis et
ennemis. Le scrutin a lieu sur une place, au chef-
lieu de l'arrondissement. Pour chaque 1,500 électeurs inscrits, il y a un bureau. Un président d'élection est choisi par une commission du conseil
général représentant le comitat. Ce président jouit
de pouvoirs illimités; il commande à la force armée
et aux employés de toute provenance. La première
préoccupation de M. Tisza dans ses campagnes
électorales est le choix de ces présidents. Comme il
ne les nomme pas, mais qu'ils sont élus par une
délégation du conseil général, il les laisse commettre des actes d'illégalité dont on n'est pas autorisé à le rendre responsable. Ses agents, ses préfets, emploient de leur côté tous les moyens pour
assurer l'élection. Ils pèsent sur le président, le
séduisent ou le corrompent. Un préfet risque toute
sa situation dans une élection. Il est révocable,
sans droit à la retraite. Au contraire, s'il triomphe,
les récompenses pleuvent sur lui. M. Tisza a donc
organisé la lente destruction de l'autonomie des
départements.

Nous avons dit déjà que la Chambre hongroise
n'a qu'une action très restreinte en ce qui concerne
la politique extérieure. Elle ne peut émettre à ce
sujet que des vœux et des opinions.

Chaque année, soixante membres de la Chambre
hongroise et soixante membres du Reichsrath autrichien se réunissent, une fois à Pest, l'autre fois à
Vienne ; ils ne siègent pas ensemble, parce que les
uns délibèrent en hongrois, les autres en allemand.
Ce sont les délégations qui traitent les questions
de politique étrangère générale, qui discutent et
qui votent le budget de l'armée commune et des
ministères communs. Si le vote des délégations est
contradictoire, on les réunit ; après un exposé précis
de la question qui les divise, exposé fait dans les
deux langues, chaque député est appelé par son
nom. Il se lève et doit répondre par oui ou par non,
toute autre forme de réponse étant exclue.

A Pest, la Chambre entre en séance à dix heures
du matin, et se sépare à deux heures. Les députés
vont alors déjeuner, et reviennent pour travailler
dans les commissions jusqu'à cinq heures.

Quoique provisoire, la Chambre des représenlants est bien appropriée à sa destination. La salle est claire, simple, élégante, les tribunes sont basses et en communication facile de regard, d'audition avec les députés. On suit aisément ce qui les intéresse, on y participe.

Il n'y a point de tribune parlementaire. Les secrétaires sont placés à la gauche du président de la Chambre, de sorte que chaque député, soit à droite du fauteuil, soit au pied, peut s'entretenir avec le président, dont le siège est peu élevé au-dessus de l'hémicycle. Cette disposition crée un mouvement curieux de va-et-vient des députés au fauteuil présidentiel.

L'aspect de la Chambre est très vivant. Nul n'y prend l'air ennuyé ou lassé. Les rapports des députés, des ministres, du président, de chacun et de tous entre eux, sont établis sur des concessions mutuelles. Nulle peine disciplinaire. L'opinion de la Chambre se fait sur l'incident qui se produit : celui-ci naît de causes pour ou contre lesquelles tout le monde se passionne, au même moment ; il n'est pas jugé solennellement, comme un fait se rattachant à un ensemble d'autres faits, qu'on a prévus, et sur lesquels on a, par avance, légiféré. On le subit et il se clôt tout seul.

A la Chambre hongroise, il règne une confraternité charmante. Tous les députés se tutoient. Le médecin, l'avocat, l'agriculteur, qui arrivent à Pest comme représentants, sont admis, du jour au lendemain, dans la meilleure société, qui serait fermée pour eux s'ils n'étaient pas députés. Ils tutoient les ministres. On peut entendre, de sa place, comme spectatrice, les phrases suivantes :

« Excellence, je te félicite de ton discours », ou : « J'ai voté contre toi, Excellence. »

Ce tutoiement, chose étrange, au lieu de produire le laisser-aller, de donner une allure triviale aux conversations, dans une réunion de députés, a quelque chose de fier, communique une impression de hauteur, car il ne correspond pas à la familiarité ou à l'intimité : il est le privilège d'hommes qu'une situation fait égaux et pairs.

Après les discussions les plus orageuses, après les injures directes mêmes lancées publiquement à un adversaire politique, on voit deux députés s'aborder dans les couloirs en se serrant les mains ; on les entend se dire : « Tu as été abominable, tu es dans le faux, » et mille autres mots irrités, mais adoucis par ce lien du tutoiement, qui semble empêcher les brisures. Rarement un député en accuse un autre d'avoir été de mauvaise foi, phrase banale qu'on répète chez nous à chaque séance avec un aimable sourire et un gracieux : « Convenez-en ! » L'injure serait mortelle à Pest, et devrait être lavée dans le sang. La vieille loyauté magyare a gardé toutes ses susceptibilités.

En Hongrie, l'on rencontre peu de sceptiques ou d'indifférents. Tous se passionnent sur tous les sujets avec sincérité. La race possède encore cette verdeur des premiers âges que les civilisations corrompues appellent naïveté ou barbarie. Pas un Hongrois n'est barbare ; quelques-uns sont, par leurs qualités natives d'héroïsme, de dignité, ce qu'on peut appeler, dans le sens le plus élevé du mot, des primitifs. Ce peuple a le mépris des abstractions ; il a conservé trop d'impulsions directes de sa nature, il a trop jalousement gardé son caractère et ses instincts personnels de race, pour s'intéresser aux idées accumulées par les générations, servant de base à de monumentales bâtisses intellectuelles que couronne d'ordinaire le sophisme. Il aime les vérités premières, simples et nues. Ses vices, lorsqu'il en a, s'expliquent par son climat, ses traditions, son milieu enfin; il ne les emprunte, pas plus que ses vertus, à l'étranger. Il ignore ce que c'est que se scandaliser hypocritement. Un Hongrois resté bien hongrois, s'il entend parler ou d'une faute ou d'un crime, lève les épaules, excuse ce qui lui paraît excusable, et dit : « Cela est d'un mauvais exemple »; mais il n'ergote jamais à propos d'un fait, et ne se perd point dans des considérations sur les principes des mœurs, les dangers de la politique, l'avenir des sociétés. Placé entre l'Orient et l'Occident, il sait que vice et vertu, vérités et contre-vérités, sont en deçà et au delà du Danube.

La Hongrie, si ses hommes d'État s'inspiraient davantage du caractère du peuple, pourrait trouver dans sa primitivité des ressources dont la plupart ne me paraissent pas soupçonner la valeur. Leur formule constante est celle-ci : mettre la Hongrie au niveau des peuples modernes. Sans doute, il faut des chemins de fer, des télégraphes, des téléphones, voire des tramways. Mais cela me paraît insuffisant et il ne faut pas confondre les améliorations matérielles avec des progrès appartenant à un tout autre domaine. Je m'explique. La Hongrie possède des institutions libérales, décentralisatrices, qu'elle tient de ses traditions les plus anciennes, — et le rêve d'un grand nombre de ses hommes politiques est de la doter de nos institutions autoritaires et centralisatrices. Ils envient l'administration, la bureaucratie françaises, à l'heure même où les abus de notre système nous conduisent à une crise inévitable.

Organiquement, nous sommes malades. Notre vie politique, tout entière concentrée dans une activité cérébrale exagérée, a privé notre corps de son mouvement normal et troublé notre circulation. L'ancienne fable romaine des membres et de l'estomac est à refaire avec les membres et la tête de la nation française. Tandis que certains hommes politiques hongrois cherchent leurs modèles en France, nous pourrions chercher nos modèles chez eux, non pour imiter aussi des étrangers, ce qui est toujours fatal au caractère d'un

peuple, mais pour retrouver vivantes les institutions de notre passé, qu'il nous faut à notre tour
revivifier. Durant mon séjour en Hongrie, plus
je pénétrais les rouages de l'administration, plus
j'étais émerveillée de l'organisation des comitats.
Je répétais sans cesse à mes amis politiques :
« Améliorez vos institutions, mais ne les détruisez
pas ; élargissez vos scrutins, rendez-les secrets,
faites que les votes aient une liberté complète. Si
vos sous-préfets élus ont leurs défauts, nos sous-
préfets nommés par l'État en ont plus encore.
Gardez-vous de dénaturer un état social légué par
vos ancêtres, car il vous faudrait, comme à nous,
une série non interrompue de révolutions pour y
revenir. »

Il y a, chez les peuples, des institutions qui
devraient être considérées, en politique, comme
le sont les révélations dans les religions ; pour ne
pas appeler ces institutions divines, je les dirai
pures. Telle est l'eau prise à sa source. L'institution pure sort spontanément de la race, au moment
où celle-ci affirme son caractère dans ses premiers
actes, alors que les besoins d'un peuple résultent

des nécessités de sa vie, relatives au climat qu'il
a choisi, s'il émigre, au groupement qu'il a con-
senti ou subi, s'il s'est aggloméré sur place. Enfan-
tées par un peuple jeune, les institutions pures sont
faites à son image et lui donnent sa physionomie
définitive.

Dans une nation, ce sont les classes supérieures,
les premières, qui se détachent de la tradition,
subissent l'empreinte des conquêtes, cherchent et
reçoivent leurs enseignements de l'étranger. Tout
peuple, par goût, resterait fidèle à ses coutumes,
si les classes dirigeantes ne l'entraînaient dans les
aventures et ne lui infligeaient des essais qui l'affo-
lent et lui font rendre parfois iniquité pour iniquité. Lorsque les lois ne découlent plus des
rapports des citoyens entre eux, qu'elles sont arti-
ficiellement confectionnées, à l'instar d'un autre
pays, par l'intellect des légistes, elles deviennent
bien vite arbitraires, torturent et déforment le sens
juridique d'une nation. Ces lois fabriquées amal-
gament le bien et le mal, le vrai et le faux, au
point que le peuple, ne comprenant plus les
réformes simples qu'il savait autrefois réclamer,

ignorant de ses besoins réels qu'on lui a désappris à connaître en les cherchant hors de lui, frappe en aveugle, fait des révolutions, et, parce qu'on l'a gouverné avec des principes empruntés à la vieille Rome ou au moderne Paris, se soulève et imite la plèbe romaine ou les Parisiens.

Le peuple hongrois a, comme ses magnats l'eurent pendant des siècles, une part de *bulle d'or*, c'est-à-dire que son influence sur ceux qui le gouvernent est directe ; c'est lui qui nomme ses fonctionnaires dans les comitats.

L'organisation des comitats date, en Hongrie, du roi saint Étienne ; elle correspondait à des délimitations fixées pour la défense à l'époque des guerres perpétuelles. Les forteresses, les châteaux forts, étaient occupés par un représentant de l'autorité royale, le *várispán*, préfet, qui avait la double autorité militaire et civile. De 1200 à 1300, le peuple obtint la séparation des deux pouvoirs, et il y eut, à dater de là jusqu'aujourd'hui, un préfet élu ou sous-intendant, un préfet ou comte suprême, représentant l'État, nommé par l'État, révocable par lui. Ces fonctionnaires du gouvernement devraient

exercer tout simplement une sorte de contrôle sur
les fonctionnaires élus ; mais, sous l'administration
de M. Tisza, ils sont devenus des agents électoraux
du ministère, chargés de la propagande gouvernementale pendant les intervalles législatifs, s'atta-
chant de plus en plus à détruire l'autonomie du département, à diminuer les attributions du préfet élu.

Dans les comitats, les magistrats élus discutent
les ordres du gouvernement et lui font des remon-
trances ; le gouvernement s'explique, se défend.
S'il y a conflit, le département s'adresse aux
Chambres. Mais il a toujours tort pour la majorité
gouvernementale. C'est ainsi d'ailleurs que, depuis
l'avènement de M. Tisza, la Chambre n'a annulé
aucune élection. Autrefois, les comitats prenaient
soin de la sûreté publique ; aujourd'hui, une gendar-
merie militaire a été substituée aux pandours : habileté de M. Tisza, qui place ainsi la force armée
dans les mains de son agent, tandis qu'elle était dans
les mains des magistrats élus. Il y a deux ans que
M. Tisza a fait cela, et c'est seulement aux élections que les électeurs ont compris le but de cette
mesure si coûteuse à l'État.

Les Hongrois se plaignent de la corruption électorale, et tous y prennent part. Il ne faut pas oublier que le pays se trouve dans un état de transition et n'est pas responsable des abus que l'absolutisme y a fait naître. Seul, un ministère impartial, en laissant au double organisme administratif de la Hongrie son jeu normal, pourrait enrayer les progrès de la corruption. M. Tisza, au contraire, les exploite. La seule garantie qui reste est la nomination des fonctionnaires par le peuple. Que serait-ce si tous étaient nommés par le ministère? Il y a cependant un certain nombre de membres de l'opposition qui désirent l'unification administrative, non pour qu'elle soit dans les mains de M. Tisza, mais parce qu'ils la trouvent plus favorable aux intérêts locaux. Je crois qu'ils se trompent, ces intérêts paraissant beaucoup plus faciles à protéger sur place que sous la forme d'un dossier enfoui dans les cartons d'un ministère.

Le peuple hongrois, étant donné son organisation communale, cantonale, départementale et parlementaire, peut bénéficier de tous les progrès politiques conquis par la démocratie, c'est-à-dire de la distribution normale des avantages sociaux, sans subir les fausses expériences de la civilisation actuelle.

J'ai dit que l'aspect général de la Chambre des députés à Pest est vivant. Chaque compte rendu de séance, d'ailleurs, est lu par le peuple entier, tout le monde sachant lire. Les députés ont grand air, habitués qu'ils étaient, hier encore, à porter un noble costume. Ils ont quelque chose de militaire. Le Honvéd, défenseur de la patrie, est au fond de chaque représentant.

La Chambre hongroise paraît jeune, même sous les cheveux blanchis des héros de 1848, — héros que leurs collègues honorent, malgré le sourire qui accompagne leur jugement sur eux, et le mot qui les résume : idéalistes ! A ce mot vient s'en ajouter un autre, applicable à tous d'ailleurs, sans distinction de parti, fût-ce à la fraction cléricale : patriote !

Puisqu'elle est vivante, la Chambre hongroise est naturellement passionnée. Quelquefois elle est violente ; un honorable peut lancer toutes les injures à la tête de son adversaire. Il parle de sa place ;

jamais il ne lit, car nul discours écrit n'est autorisé.
Il n'a point, pour calmer son ardeur, quelques pas
à faire, les marches de la tribune à monter. Il se
lève, se dresse; ou sa pensée jaillit avec impétuo-
sité, ou son indignation éclate sans retenue. Si
nous ne révélions tout à l'heure quels correctifs se
cachent sous l'apparence de cette liberté absolue,
on ne comprendrait pas comment la Chambre n'est
pas tout entière composée de « sauvages ». On
nomme ainsi la douzaine d'honorables qui n'appartiennent à aucun parti, à aucun groupe; mais, vis-à-
vis de ces « sauvages » eux-mêmes, au moment où
ils s'abandonnent à leur passion individuelle, que,
tout à coup, la défense générale du pays soit mise
en cause, que la dignité de la nation intervienne,
et l'indépendant, l'excentrique, à l'instant, redevient
Hongrois.

J'ai parlé de correctifs, les voici : dans chaque
parti l'ordre règne, l'entente est complète. Le gouvernement, nous le savons déjà par Jókai, n'a que
des mameluks. Jamais un membre d'un parti ou
d'un groupe ne lance une interpellation, ne prononce un discours, sans avoir pris l'avis de ses col-

lègues, reçu leur approbation, débattu avec eux l'intérêt ou l'opportunité d'une discussion. Les ministres eux-mêmes, avant de présenter aux Chambres un projet de réforme, ou avant d'en combattre un autre, soumettent leur conduite aux mameluks. Ceux-ci, qui, en séance publique, voteront comme un seul homme et approuveront tout ce que présentera le ministre avec une condescendance qui peut paraître sans dignité, ont discuté librement, courageusement, à leur club, disant à l'Excellence : « Tu te trompes », voire même : « Cela n'a pas le sens commun », et autres aménités parfois des plus vives. Ceux qui attaquent les résolutions ministérielles ne cèdent que quand la majorité s'est prononcée contre eux, et ils votent le lendemain, sans une réserve, sans un murmure, ce qu'ils ont combattu la veille.

Les questions, lorsqu'elles arrivent à la Chambre, sont toujours épuisées au sein de chaque parti. Le choc n'en est pas moins vif entre les adversaires. Cependant, l'orateur n'est pas soutenu par le désir d'éclairer ses amis; il n'expose jamais l'affaire, il la débat. Aussi l'art oratoire a-t-il presque entière-

ment disparu d'un pays qui goûte le beau langage
plus qu'aucun autre. On traite les questions à l'anglaise ; on ne les élève plus à la hauteur de la grande
éloquence magyare.

Le jour où je vais à la Chambre, elle est animée
comme un salon. Des groupes sont formés, où l'on
cause. Un orateur, que personne n'écoute, parle
aux sténographes pour ses électeurs. Je reconnais
Jókai, à son banc de mameluk. Voici le fils de François Pulszky, lequel a su se créer dans la Chambre
une situation personnelle. Daniel Irányi vient me
saluer, et nous parlons d'un ami très cher, Szarvady.
Le comte Albert Apponyi, toujours brave, ne craint
pas de se compromettre en causant de politique
avec une républicaine. Un point nous rapproche :
nous sommes tous deux sincèrement et passionnément libéraux. M. de Harkányi, l'un des Rothschild
de Pest, m'interroge sur la santé de Munkácsy.

Mais un mouvement se produit dans la Chambre.
M. Tisza se lève, il parle, ou plutôt il psalmodie.
On me traduit son discours à mesure qu'il le prononce. L'éloquence me semble vulgaire comme le
ton.

M. Tisza, président du conseil, n'a guère plus de cinquante ans, et on le croirait un vieillard. Austère, triste, il a l'air d'un employé, — je ne dis pas d'un haut fonctionnaire, car sa mise est trop négligée pour qu'à première vue on soupçonne qu'il a de gros appointements.

Sa mère était née comtesse Teleki, femme d'une rare distinction et d'une intelligence très élevée. Occupée de l'éducation de ses fils, elle avait distingué parmi eux Coloman.

L'entrée de M. Tisza dans la politique date de la résurrection de la vie nationale, en 1861. Il fut, dès son arrivée à la Chambre, élu vice-président, malgré sa jeunesse, et devint immédiatement chef du centre gauche après la mort tragique du comte Ladislas Teleki son parent; de 1865 à 1875, il demeure le leader incontesté de l'opposition. La fusion du parti Deák avec le centre gauche, négociée par M. Tisza, l'amena au pouvoir comme ministre de l'intérieur sous le ministère Wenckheim.

Le président du conseil, en Hongrie, est un homme de gouvernement, ce n'est pas un homme d'État; mais il a de telles ressources d'expédients, et une passion si obstinée du pouvoir, qu'il arrive à dominer des situations difficiles, et à remplacer la grandeur des moyens par une série de petites manœuvres. Il ne cherche pas à convaincre, à conquérir ses adversaires, mais à les accaparer, à les compromettre ou à les briser. Il se donne d'ailleurs tout entier aux affaires, sa vie leur est exclusivement consacrée. Toujours sur la brèche, il lutte sans cesse contre chacun de ses ennemis, qu'il harcèle et attaque jusqu'à ce qu'il l'ait découragé. Pour garder la place, il admet qu'il faille journellement repousser des assauts.

Dans les questions qu'il traite, jamais il ne trouve le motif d'un enthousiasme; il a horreur du sentiment. Il use de l'argumentation précise, la répète, la ressasse et, si elle ne triomphe pas, il s'entête, la reprend, la représente sous la même forme, jusqu'à ce que ses combinaisons en aient assuré le succès.

M. Tisza n'a aucun goût pour le monde, il ne reçoit pas. Bon époux, père de famille économe, il ne dépense rien, quoiqu'il ait cent cinquante mille francs de rentes. Le roi a voulu le faire grand-croix

de l'ordre de Saint-Étienne et lui donner un titre;
il a refusé pour lui, mais accepté que son frère,
Louis Tisza, qui n'a pas d'enfant, fût créé comte et
pût transmettre son titre à la descendance directe
du président du conseil. M. Louis Tisza est comte
de Szeged, où passe la Tisza, contre laquelle il a
courageusement lutté au moment de la dernière et
terrible inondation.

On dit qu'à son arrivée aux affaires M. Tisza
ne fut point sympathique au roi François-Joseph.
Le président du conseil, accepté aujourd'hui par
son souverain, a été tour à tour très aimé et très
haï des Hongrois. Son entrée au ministère plut,
même à ceux qui se séparaient de lui sur des questions de principe. Le déficit croissant du budget
préoccupait les esprits, et nul ne douta des efforts
de l'homme public pour réaliser l'idéal de l'homme
privé. On crut aux économies de M. Tisza! Il en
réalisa, cela est vrai, pendant la première année de
son administration; mais bientôt il se laissa entraîner à de nouvelles dépenses, contracta de nouvelles
dettes, et, par suite, augmenta les impôts.

Le centre gauche, qui avait suivi l'évolution de

son chef, prit, en devenant gouvernemental, le nom de parti libéral; mais les actes du gouvernement le mirent bientôt en contradiction avec ses principes, et une fraction de l'ancien centre gauche, tout en restant fidèle au pacte de 1867, se détacha du président du conseil pour s'allier aux dissidents ayant appartenu jadis au parti Deák. Le baron Sennyey, le comte Albert Apponyi et M. Désiré Szilágyi, devinrent chefs d'un groupe d'environ soixante députés. L'extrême gauche gagnait des sièges au même moment, et, en 1882, elle comptait quatre-vingts membres. Une trentaine de députés, n'appartenant à aucun parti, grossissaient les rangs de l'opposition; mais le nombre des représentants s'élevant à 444, l'opposition n'en demeura pas moins réduite à l'impuissance. Isolées, la gauche modérée et l'extrême gauche ne peuvent faire échec au gouvernement: cette conviction les a coalisées à la fin de la dernière législature et dans les récentes élections.

Nous avons déjà dit que M. Tisza avait été tour à tour très aimé et très haï. L'opinion fut plus d'une fois sévère pour lui et indulgente pour le comte

Jules Andrássy; l'un a été souvent le bouc émis-
saire de la politique de l'autre.

Le comte Andrássy, léger, brillant, superficiel,
plaisait au peuple hongrois par ses défauts mêmes,
qui provoquaient le sourire pour tout blâme, tandis
que les qualités d'obstination de M. Tisza donnaient
à ses meilleurs actes quelque chose de maussade
qui excluait la gratitude.

En 1848, le comte Andrássy avait vingt-quatre
ans. Jusque-là, sauf le beau nom qu'il portait, on
n'avait découvert en lui rien de remarquable. Nommé
administrateur du comitat de Zemplén, il n'avait pu
entrer en fonctions, ayant été expulsé par la congrégation, comme remplissant, sous le ministère
Apponyi, des fonctions réactionnaires. Cette aven-
ture l'avait fait libéral, une autre le fit colonel. C'est
comme député de Zemplén qu'il vint à la Chambre
en 1848. Il fut élu, dès son arrivée, vice-président.
Désigné comme ambassadeur extraordinaire en Turquie, il accepta ce poste, d'un gouvernement révolutionnaire, ce qui lui valut plus tard l'exil pendant
huit années. Trouvant qu'un joli costume rehaus-
serait l'éclat de sa diplomatie, il avait obtenu de

Kossuth qu'il le nommât colonel. La carrière militaire du comte Andrássy serait des plus plaisantes à conter : chef des gardes civiques du comitat de Zemplén, il n'a pas suivi leur transformation en honvéds, n'a fait aucune campagne et n'a jamais été au feu. On se demande pourquoi les Autrichiens l'ont condamné à mort et brûlé en effigie.

Jusqu'à ce que le comte Jules Andrássy eût associé son caractère inconsistant au caractère solide de François Deák, il ne fit preuve d'aucune valeur personnelle. Impossible de se figurer un orateur plus incorrect, mais plus étourdissant d'aplomb et d'insouciance pour les formes oratoires convenues. En l'écoutant, nul ne savait ce qu'il voulait, quel était, pour lui, le but à poursuivre. Il restera le grand chef des effets du bagout, l'homme de la fantaisie au jour le jour, changeant d'opinion à chaque instant, non parce qu'il était opportuniste, mais surprisionniste, ne cherchant qu'une chose : étourdir par la brusquerie de ses variations.

Le comte Andrássy se disait toujours grand ami des Français. En 1870, après la déclaration de la guerre et au moment de l'un de ses voyages à

Vienne, il avait pris la peine d'assurer une fois de plus le comte Pierre de Castellane, consul de France à Pest, de sa constante sympathie et des vœux qu'il faisait pour nos victoires. Je tiens le fait du comte Pierre de Castellane. D'autre part, on m'affirme, sans que j'aie pu vérifier l'information, que le comte Andrássy, allant à Vienne, rencontra à Ersekujvár, le consul général allemand, baron de Waecker-Gotter, qui lui communiqua une dépêche de M. de Bismarck annonçant la défaite des Français à Wœrth. On causa, et le baron lui fit, au nom de M. de Bismarck, la promesse formelle qu'il l'aiderait à renverser le comte de Beust et à le remplacer à la présidence du conseil de l'Empire. A partir de ce jour, le comte Andrássy cessa d'être l'ami de la France.

Ce fut lui qui inventa le système compliqué des délégations, lequel semble un défi jeté au bon sens. Lorsqu'il s'agissait d'une réforme il demandait à l'un une idée, la faisait développer par un autre, et appliquer par un troisième. Jamais on n'a vu et l'on ne verra gouverner de la sorte. « Il va se casser le cou », disait-on. L'imperturbable confiance du comte Andrássy, son étoile, son courage, sa séduction, sa souplesse, corrigeaient à temps toutes ses fautes. Nous désignerions, en France, un tel président du conseil par le mot : abracadabrant ! On ne peut imaginer la façon dont il travaillait et faisait travailler autour de lui. Tout ce qui lui passait par la tête, l'irréalisable, le fantastique, le vertigineux, était ce qui lui plaisait le plus. Quiconque lui apportait une formule quelconque procédant d'un de ces trois termes, était le bienvenu. Il répétait souvent à ses collaborateurs, au moment où les difficultés amoncelées par lui devenaient menaçantes : « Cherchez-moi une solution impossible ; je la veux, avant tout, imprévue. »

La Hongrie, sensible aux honneurs, éprouva un mouvement d'orgueil bien légitime lorsque le comte Andrássy devint ministre des affaires étrangères de l'empire. Il fut d'ailleurs acclamé par toute l'Autriche. On crut que sa venue marquait dans la diplomatie une ère nouvelle, que c'en était fini de la politique ténébreuse à la cour de Vienne, et l'on prit pour de la franchise, pour de la rondeur, ce qui n'était qu'imprévoyance. Le comte Andrássy fut de ceux qu'une élévation démesurée abaisse, qui, placés trop haut pour leur taille, paraissent plus petits quand la fortune les grandit exagérément. Brillant, audacieux, gonflé d'amour-propre, le président du conseil de l'Empire fit croire un instant à des idées qu'il n'avait pas; il déroutait les esprits par des contradictions qui passaient pour d'habiles manœuvres. Mais bientôt le bruit de la girouette devint fatigant. M. de Bismarck alors se chargea de la fixer.

Aujourd'hui, le comte Andrássy chasse à l'ours et paraît peu disposé à s'occuper du pouvoir. La Hongrie avait raison d'être indulgente pour ses défauts et de le préférer à M. Tisza.

Magyar, au moins dans la forme, il est fait pour représenter l'éblouissante patrie hongroise autrement qu'un homme dont l'apparence est celle d'un instituteur allemand. Le papillon se brûle les ailes; mais, tout en s'affolant, il tourne autour de la lumière; la larve, incolore, n'a pas de vitalité personnelle; son rôle est de préparer d'autres existences plus brillantes.

Le peuple hongrois aime sa Diète, qui fait corps

avec lui, sur laquelle il concentre tout son intérêt, où, dans l'histoire, ont surgi tant de sagesse, de haute capacité, de patriotisme, de vaillance, d'héroïsme. C'est vers le Parlement que la Hongrie tourne les yeux lorsqu'elle désire qu'une opinion se fasse sur une réforme, et c'est sur les débats de la Chambre que le pays mesure les possibilités ou les obstacles d'une amélioration. Malgré son importance, la grande époque du Parlement est passée ; les questions de premier ordre sont résolues, les progrès principaux accomplis. Il ne reste plus que des affaires à traiter, et M. Tisza se charge d'en diminuer la portée. Quels talents, quels caractères, quelles intelligences politiques se développeraient dans un pareil milieu? Seul, un homme qui écarterait l'atmosphère engourdissante, qui réveillerait la Hongrie avec de nobles paroles pour lui montrer qu'elle a son rôle moral à jouer parmi les nations modernes et que les intérêts matériels, lorsqu'on s'y attache exclusivement, ont des sommes de misère équivalentes aux sommes de richesses qu'ils développent, seul celui-là redonnerait à la patrie hongroise la figure qu'elle doit avoir. Il associerait les petites nationalités, que la Hongrie absorbe, aux grandes recherches politiques et sociales de la fin de notre siècle, et ces petites nationalités, encore à l'état poétique, prêtes à l'héroïsme comme tout ce qui est jeune, subiraient le grand courant des idées, le seul qui arrache l'homme et les peuples aux tracas mesquins des difficultés intérieures.

L'opposition, en Hongrie, a le tort de combattre M. Tisza sur le terrain des intérêts matériels. Il sait mieux compter qu'elle, et jamais elle ne le renversera sur des questions d'ordre économique. Quand un grand propriétaire veut devenir son propre économe, il perd plus d'argent qu'un intendant, celui-ci fût-il médiocre. Certaines habitudes de petits moyens ne peuvent être prises par tout le monde.

Ce que j'ai dit précédemment explique comment le parti conservateur, qui compte, à la Chambre des magnats et au Parlement, des hommes d'une aussi grande influence que le comte Szécsen, M. Paul Somssich, le baron Sennyey, le comte Albert Apponyi, hommes exceptionnels, estimés, admirés, n'ait pas une autre situation politique,

surtout depuis qu'il s'est coalisé avec l'extrême
gauche, qui possède aussi des hommes extrêmement honorés.

Certains magnats hongrois admettent, comme
une partie de la noblesse italienne, qu'ils sont vaincus par la démocratie, par les capacités, et ils ont
l'ambition de lutter contre les nouvelles couches
sociales par le dévouement au peuple et par le talent. Dans les pays comme la Hongrie, comme l'Italie, les noblesses, d'essence purement nationale,
non imposées par la conquête, qui ont participé à
toutes les luttes de leur pays, sont souvent un choix
destiné à garder le caractère chevaleresque de la
race, ce qu'on appelle aujourd'hui une sélection.
Elles ont alors leur raison d'être dans l'ensemble
d'un organisme national.

Parmi les adversaires de M. Tisza, dont nous aurons à parler longuement et à qui nous consacre-
rons un article spécial, est le comte Albert Apponyi. A notre avis, il résume, dans sa personne et
dans son milieu, tous les éléments qui peuvent nous
servir à juger le libéralisme socialiste et démocratique chrétien, et nous apprendre en face de quels

adversaires redoutables les libéraux sincèrement démocrates, socialistes et républicains, pourront se trouver un jour. Le comte Albert Apponyi à Pest, comme le prince Paul Borghèse à Rome et le comte de Mun à Paris, sont destinés à donner aux rencontres le caractère d'un combat suprême où la liberté monarchique et la liberté républicaine lutteront pour leur existence définitive. Quelle que soit l'issue de ces engagements, ils ne peuvent être que favorables à l'amélioration du sort des classes pauvres, dont les jacobins autoritaires se sont trop peu souciés jusqu'ici.

M. Max Falk, député, directeur politique et rédacteur en chef du *Lloyd* de Pesth, est aussi un mameluk. Sa situation est considérable parmi les hommes politiques de Hongrie et de l'étranger; mais il a pour M. de Bismarck un goût si avoué, que je ne crois pas à sa grande carrière parlementaire. Au renouvellement de la Chambre, ces jours derniers, il a été mis en ballottage et a failli être battu. Il a été élu depuis par la ville d'Arad.

M. Ignace Helfy, ami passionné de Kossuth, autrefois son secrétaire, exilé dix-huit ans en Italie, n'a pas été réélu, au grand regret de ses collègues à quelque parti qu'ils appartiennent. Cette défaite atteint Kossuth lui-même, parce que M. Helfy s'est consacré tout entier à la gloire du héros de 1848. S'il parle du grand patriote, c'est avec une émotion communicative dans la voix, des larmes aux yeux ; il faut l'entendre dire de Kossuth : « Lui, si sûr comme ami, si fidèle à ses principes ! » Il donne, lorsqu'on l'interroge, de touchants détails sur la vie privée du solitaire de Turin. Le grand exilé a, pour le souvenir de sa femme, un culte très doux, et c'est lui qui renouvelle tous les jours des fleurs sous son portrait. Au récit des vertus privées de Kossuth et à l'admiration qu'elles causent, on sent l'importance de ces vertus pour les chefs d'une démocratie, si souvent atteints par la calomnie, et dont l'existence ne devrait pas même fournir un aliment à la médisance. Ceux que leur naissance n'avait point destinés au pouvoir doivent s'élever moralement à mesure qu'ils montent ; on ne peut jamais, alors, que les renverser, point les abaisser. La vie intime de Kossuth est l'orgueil de ses amis.

Parmi ses orateurs, la Chambre en possède un, très pompeux, faisant ce qu'on appelle en Hongrie, dans le bon sens de l'expression, du pathos. C'est M. de Horváth, ancien ministre de la justice.

M. Szilágyi, orateur influent de l'opposition modérée, est un homme énergique, ambitieux de grandir, fils de ses œuvres, très remarquablement instruit, qui est parvenu sans amis, sans aide, par la seule force de son talent, à la haute situation qu'il occupe. Sensé, curieux des autres, sachant interroger, non pour répondre mais pour écouter, il a l'esprit éclairé et large, délicat sous des apparences de rondeur, et son sourire est le plus fin que je connaisse.

Le comte Eugène Zichy, — fils du comte Edmond Zichy, qui habite Vienne, et qui est populaire à Paris, où on l'a vu revêtu de son splendide costume de magnat à l'ouverture de nos grandes expositions, — s'occupe avec passion du progrès industriel de la Hongrie. Il va d'un bout à l'autre du pays, fait des conférences, organise des groupes, crée des usines, provoque la protection de l'État, obtient des subventions. Bref, on l'a surnommé le comte d'Industrie, titre qu'il ne faut pas confondre avec celui de chevalier, dit-il en riant.

M. de Somssich est un vrai Magyar, fier, héroïque. Seul, il eut le courage, en 1849, de résister au tyran Haynau; il osa publier et signer, au moment où la moindre dénonciation faisait tomber une tête, *les Droits légitimes de la Hongrie et de son roi.* Cette brochure révélait à l'Europe les crimes du bourreau de Pest et le nombre de ses victimes. Orateur classique, à la fois correct et passionné, il ne subit aucun courant d'opinion et se place seul en travers, s'il lui paraît sage d'y résister. Avant 1848, il fut le défenseur ardent des réformes; pendant la révolution, il protesta contre l'entraînement général de tous les partis. M. de Somssich est l'apôtre de la vérité. Ce n'est point le paysan, mais le député du Danube. La mort seule pourrait faire taire sa voix s'il avait résolu de parler.

Un autre héros parlementaire est le baron Seunyey, qu'on appelle le baron noir à cause de ses opinions cléricales; il a cependant prouvé, au pouvoir, qu'il savait être libéral. Nul ne donne mieux que lui l'idée de ce qu'on appelle un grand caractère. On ne peut trouver un de ses actes qui soit en désaccord avec une des idées qu'il a émises à un moment quelconque de sa vie. C'est un orateur noble, élevé, un peu sarcastique et très hautain. Il est, de sa personne, élégant jusqu'à la recherche; tout en lui respire la distinction, la dignité. Son cœur est plein de bravoure, son esprit plein de fierté. Ces qualités réunies lui donnent, pour gouverner les hommes, un grand défaut qui l'empêche de se mêler à certaines situations, de participer à certaines luttes : c'est un dédaigneux. Il aime, au combat, les armes courtoises; il méprise les fortunes imméritées, et il abandonne sans regret le terrain à ceux qui ont vaincu sans justice.

Charles Eoetvös, autrefois deákiste, est entré dans le parti avancé qui eut pour premier noyau les hommes de 1848, comme Helfy, Daniel Irányi, etc. Charles Eoetvös est l'auteur de l'*Histoire politique de la Révolution en Hongrie*. Il est impossible de relever dans la vie de Charles Eoetvös une pensée, une page, une résolution, qui ne soit louable et inspirée par le plus pur sentiment d'idéalisme. Malgré toutes ces qualités, il a été battu aux élections par les antisémites, qui lui reprochent d'avoir fait acquitter les juifs de Tisza-Eszlár.

Daniel Irányi est un homme vertueux dans le sens le plus élevé du mot. Jamais un de ses jugements n'est étroitement personnel. Il a vécu dix années en France, et y a gardé pour amis tous ceux qui l'ont connu. Je m'honore de compter parmi les plus fidèles. Kossuth, quoique Daniel Irányi l'ait jugé sans flatterie dans son *Histoire de la Révolution*, le tient en haute estime. L'influence du député de l'extrême gauche, en 1848 et depuis, a été souvent heureuse. Il est vaillant et bon. Sans faiblesse pour ses amis au pouvoir, il est sans rancune pour ses ennemis tombés. Toute corruption l'indigne, et il la flagelle avec une autorité que nul n'a le droit de lui contester. Son éloquence est simple, claire comme son style, droite et saine comme sa conscience. Rien que d'honnête et de loyal ne peut l'influencer; la crainte d'être d'accord avec un adversaire ou en désaccord avec un ami ne l'arrête pas. Un parti se glorifie de posséder de tels hommes, et l'on dit d'eux avec une admiration sincère : voilà des justes !

M. Louis de Mocsáry est aujourd'hui le chef le plus actif du parti de l'Indépendance. Esprit éclairé, influent, résolu, moins idéaliste que ses collègues de 1848, plus pratique, il ne dédaigne pas de chercher dans les faits journaliers l'occasion d'inscrire ses revendications générales, et trouve que s'abstenir c'est perdre l'habitude de combattre.

POLITIQUE ACTUELLE

LES ÉLECTIONS ET LE PARTI DE L'INDÉPENDANCE

La politique actuelle de la Hongrie se résume,
dans le Parlement et dans le pays, par un mot :
la politique de M. Tisza. Cette politique, le pays
tour à tour s'en contente ou la désapprouve. Se
l'explique-t-il, et sait-il où elle le mène? Je ne le
crois pas.

Il n'y a cependant aucun inconnu dans la politique de M. Tisza : elle a sa tradition, son caractère, sa valeur historique. Faire la politique de
M. Tisza, c'est créer une génération, une caste,
qu'on tire du néant, qu'on favorise exclusivement,

qui vous doit tout; comme Bonaparte créait la caste militaire et ses maréchaux, M. Tisza crée la petite bourgeoisie et les conseillers secrets, qu'il prend en dehors de toute hiérarchie pour les faire entièrement siens.

Si M. Tisza rappelle Napoléon Ier pour les conceptions gouvernementales, il cherche ailleurs que dans la gloire ses procédés de stratégie : c'est au règne de Louis-Philippe qu'il les emprunte.

La patrie hongroise souffre, comme souffrait la France sous M. Guizot, d'un malaise moral. Le vulgaire : « Enrichissez-vous! » n'est pas plus fait pour elle qu'il ne l'était pour nous. Quand on livre une nation à ses appétits, à ses jouissances, à son avidité, elle devient brutale, égoïste, dangereuse.

M. Tisza, comme M. Guizot, veut faire prédominer une caste dans l'État : la bourgeoisie censitaire. Son goût est pour la classe moyenne, comme pour tout ce qui est moyen. Il déteste les hautes classes, il craint les capacités et le peuple. Habile à détruire toutes les institutions aristocratiques, M. Tisza s'oppose en même temps à des réformes réclamées par la gauche au profit des ouvriers;

s'il cède, c'est en vue de quelque manœuvre électorale. Les petits bourgeois des villes ont toutes ses faveurs. Eux, qui obéissaient autrefois à la *gentry*, obéissent aujourd'hui à M. Tisza.

La Hongrie ne peut vivre au bénéfice d'une caste. La grande propriété des magnats, la petite propriété des paysans, l'infériorité de l'ouvrier des villes, le manque d'une classe de grands industriels, interdisent à la nation de faire une situation politique à la petite bourgeoisie citadine, composée surtout de juifs et d'Allemands. Le président du conseil créerait, si on le laissait faire, des antagonismes et des haines qui aboutiraient quelque jour à l'extermination de toute une caste dans un pays violent, qui croit ses révolutions légales.

M. Tisza, malgré sa naissance, est bien un petit bourgeois, mince, étroit, qui thésaurise ; un grand nombre d'hommes comme lui sont une ressource précieuse dans un pays qui se plaît à la dépense et l'exagère ; mais, à la tête du gouvernement, nous nous permettrons de croire que le président du conseil hongrois n'est pas fait pour maintenir sa patrie dans les voies de l'héroïsme et de la grandeur.

Avec plus de bonhomie, plus d'ampleur, M. Tisza excellerait à gouverner la Hollande, pays de grands et solides bourgeois ; mais est-ce qu'on imposera jamais le caractère équilibré, tranquille, les goûts laborieux, économes, l'activité calme des Hollandais à la Hongrie? Non. Il suffit de voir ses paysans, ses magnats, l'énorme Danube, ce peuple qui aime le faste, les beaux costumes, les chevaux ; qui adore les cérémonies, les fêtes ; qui se plaint de n'avoir pas sa cour, son roi à lui ; qui a les passions ardentes, violentes ; à qui il faut la musique guerrière, la danse vertigineuse. Certaines nations, comme certains individus, ne peuvent pas être terre à terre.

Il faut se rendre compte de ce que sont les élections en Hongrie pour comprendre qu'un tel pays ne sera pas de sitôt banalement raisonnable. « Chez nous, il nous semble que tout vaut mieux que l'apathie, même les coups de couteau, me disait le général Türr ; quand les Hongrois seront calmés, ils seront morts. »

Les élections deviennent une fête nationale. La Hongrie partout y préside. C'est la patrie qu'on acclame, c'est sa gloire qu'on chante, c'est son bien que veut chaque parti, et tous les députés doivent être ses champions, puisque sur le drapeau national qui conduit au vote, sur les trois couleurs, on inscrit le nom du candidat.

Durant les élections tout le pays se lève pour combattre. On vote au chef-lieu du collège électoral, à scrutin découvert, et les partisans de chaque candidat s'en vont par bandes, se connaissant chacun, se comptant, se grossissant en route. Mais gare à la troupe des adversaires, si on la rencontre ! Il fait beau entendre les injures de ces armées homériques, où les héros discourent et se répondent aussi longuement que dans un chant de l'*Iliade*. Parfois on en vient aux coups; mais les gendarmes ou les troupiers ne s'en mêlant pas, il y a peu d'électeurs qui « mordent la terre ». On pavoise les maisons; gens et chevaux sont enrubannés. Beaucoup de passion, et nulle part l'indifférence. L'éloquence est comprise de tous, l'esprit est monté à son plus haut diapason, le cœur bat plus vite ; c'est une bataille, et qu'y a-t-il de plus amusant pour un Magyar? La Patrie est comme les femmes, elle se plaît à voir l'exaltation des sentiments qu'elle inspire, même s'ils côtoient la folie. Est-ce qu'elle ne vaut pas qu'on se fasse de temps en temps un peu casser la tête en son honneur, la Patrie hongroise ?

Que les froids raisonneurs gémissent sur les « scènes regrettables » ; que M. Tisza, dont les agents y sont pour deux tiers, se voile la face et s'indigne de tant de sauvagerie ; une sincère, une loyale, une vraie liberté, auraient aisément raison de toutes ces extravagances.

Les candidats, pour représenter trois ans le pays, et le gouvernement pour soutenir ses partisans, se ruinent. M. Tisza songe à réaliser une économie. Dès la rentrée des Chambres, il fera voter les mameluks afin que le mandat législatif soit porté de 3 à 6 années.

Le candidat est tenu d'héberger, au chef-lieu, ses électeurs, de les loger. Une élection bon marché coûte au moins 5,000 florins, quelques-unes en coûtent 20,000. La Hongrie, après l'Angleterre, est certainement le pays où un mandat de député revient le plus cher. En Angleterre, souvent les électeurs se cotisent lorsqu'ils savent leur candidat trop pauvre ou trop peu riche pour payer son élection ; en Hongrie, jamais.

Les petits bourgeois, lorsqu'ils veulent arriver à la députation, ne peuvent donc se passer de l'aide de M. Tisza. S'ils sont nommés, alors même qu'ils n'auraient pas d'engagements, ils siégeraient d'instinct parmi les mameluks. Naturellement, ils ont l'horreur de ce qu'on appelle le chauvinisme exagéré de l'extrême gauche ; les magnats leur inspirent une véritable terreur avec le socialisme agraire, que les paysans et la *gentry* rêvent d'un commun accord.

Les élections, en Hongrie, ont eu lieu récemment. A première vue, deux partis semblent seuls avoir gagné des voix : le parti gouvernemental et les antisémites. M. Tisza conserve une majorité de 50 à 60 voix, et M. Istóczy a conquis près de 20 sièges.

Quoiqu'elle se chiffre seulement par un petit nombre de voix, la victoire antisémite est considérable. M. Istóczy, qui l'a remportée, est un fanatique ardent, sincère, d'une probité incorruptible.

Il y a quatre ans, seul antisémite, à la Chambre, il était le plus ridicule des hommes. Aujourd'hui, avec sa troupe, le voilà pris au sérieux. L'antisémitisme, au Parlement, représente surtout une forme d'opposition à M. Tisza, son succès correspondant à l'évolution que le président du conseil a faite, sur la fin de la dernière législature, en faveur du mariage civil et obligatoire entre juifs et chrétiens, lui qui s'y était toujours opposé. Il y a, dans l'antisémitisme, une question nouvelle de morale sociale que M. Tisza n'est pas fait pour résoudre. Quand on enseigne à un peuple qu'il n'a pas d'intérêts supérieurs à ses intérêts matériels, il regarde autour de lui, voit la richesse toute faite, l'envie, et parfois se rue sur ceux qui la possèdent.

On a eu bien des surprises dans les élections hongroises. J'ai dit que M. Falk, un mameluk, n'avait pas été nommé au premier tour de scrutin; que M. Helfy, le second de Kossuth, était resté sur le carreau. Mon ami de Pázmándy est en compagnie de ce dernier, ainsi qu'un ami intime de M. Tisza, M. Móricz. Jókai est nommé deux fois à l'unanimité, Pulszky rentre enfin à la Chambre, après une lutte très chaude. Le parti gouvernemental, déjà appauvri en valeurs intellectuelles, a perdu plusieurs de ses hommes remarquables.

Quant au parti de l'opposition modérée, que les feuilles officieuses déclarent anéanti, il a cependant obtenu son succès relatif. Le comte Apponyi, qui s'était jeté à corps perdu dans la lutte électorale, gagne quatre ou cinq sièges à son parti. C'est peu quant au nombre, mais c'est énorme si l'on songe à la pression exercée cette fois par le gouvernement sur les électeurs. Sans cette pression, l'opposition modérée gagnait à coup sûr 25 à 30 sièges. M. Tisza sait, aussi bien que ceux qu'il a défaits, ce que sa victoire lui coûte et quel spectacle il a donné à ses ennemis. Les députés gouvernementaux ont conscience de l'effort qu'il a fallu faire pour le soutenir et sont moins assurés de leurs élections futures. Les minorités battues par les abus de la force ne se découragent jamais : c'est une loi que les pouvoirs arbitraires devraient se rappeler; sinon, l'expérience la leur remet brutalement en mémoire. Nous avons dit déjà que le parti de l'opposition modérée acceplait le pacte de 1867, c'est-à-dire le dualisme.

Il y a, dans l'opposition, un parti plus considérable que celui des modérés : le parti de l'Indépendance; j'en ai le programme, que je dois à l'un de ses chefs les plus autorisés. M. Louis de Mocsáry. Je le publie, tel que je l'ai reçu de lui au moment de mon séjour à Pest, le 1er avril dernier. c'est-à-dire trois mois avant les élections.

Le programme du parti, comptant actuellement 92 sur 440 membres de la Chambre des députés, est conçu en ces termes :

Que la Hongrie soit un État indépendant. qui se gouverne sans aucune influence étrangère; qu'elle possède une autonomie parfaite, non seulement en fait d'administration et de justice, mais encore dans toutes les fonctions relatives à la force armée, aux finances, au commerce et aux affaires étrangères.

Nous regardons l'indépendance comme un droit inaliénable, comme la base indispensable du développement de la nationalité et du bien-être matériel de notre pays. Nous voulons abolir le *gouvernement commun* de l'empire austro-hongrois (comprenant un ministre des affaires extérieures, un ministre de la guerre et un ministre des finances, lequel manipule les sommes destinées au maintien de l'*armée commune* et demeure chargé du gouvernement des provinces occupées, la Bosnie et l'Herzégovine); nous voulons abolir les *délégations,* commissions des deux Diètes, comptant chacune 60 membres, autorisées à voter les frais de l'armée et de la diplomatie et par conséquent à exercer le contrôle parlementaire du gouvernement commun. C'est en faveur de ces deux corps que sont confisquées les fonctions les plus essentielles du gouvernement et du Parlement de la Hongrie, aussi bien que de ceux de l'Autriche.

Nous voulons que la force armée de la Hongrie soit entièrement séparée de celle des provinces héréditaires (l'Autriche). L'armée, dans sa constitution actuelle, n'est pas même une armée commune, c'est tout simplement l'armée autrichienne, avec ses traditions, son commandement allemand, son esprit « jaune et noir » (dénomination proverbiale de l'hyperloyalisme tirée des couleurs de l'empire et de la cour), ennemi de tout ce qui est hongrois, surtout depuis 1848. Le corps d'officiers de cette armée se compose de 80 p. 100 d'Autrichiens de toute provenance, parce que les nationaux de la Hongrie abhorrent l'esprit et le langage qui y règnent exclusivement; les grands établissements, dépôts, écoles militaires, sont placés en Autriche, les industriels de notre pays sont privés en conséquence des grandes ressources du budget militaire. Il est inutile de parler de l'indépendance du pays, tant que ce système militaire ne sera pas radicalement changé; notre pays n'est, à la vérité, qu'une province occupée par une force étrangère, peu différente de la Bosnie en ce qui concerne la sûreté et les vraies garanties de la liberté.

Nous voulons changer le traité de commerce et de douane conclu entre la Hongrie et l'Autriche en 1868, renouvelé en 1878, en vertu duquel le territoire de la Hongrie forme une *zone douanière commune* avec celui de l'Autriche, les deux pays étant obligés de régler également leur législation du commerce, de l'accise, des monopoles et du système monétaire. Nous voulons régler toutes ces affaires selon l'exigence de nos propres intérêts; nous voulons donner la protection nécessaire à notre industrie opprimée depuis des siècles par celle des provinces autrichiennes. Voilà la source de la pauvreté de notre pays; c'est une vrai situation coloniale, à laquelle la Hongrie est condamnée par la politique autrichienne.

Tels sont les objets principaux du programme du parti de l'indépendance. Constitué dans sa forme actuelle en 1874, ce parti est historique de sa nature; il se considère comme l'héritier en ligne directe des ancêtres qui ont fait les révolutions politiques et religieuses depuis l'arrivée de la maison d'Autriche. Chacune de ces révolutions aboutit à des traités de paix ayant force de lois, garantissant les droits de la Hongrie, sa complète séparation gouvernementale, et restreignant toujours l'union politique avec l'Autriche au seul règne commun de la dynastie de Habsbourg, à l'*union personnelle*. Ce n'était pas là, sans doute, l'état normal d'une véritable indépendance. L'Autriche, plus avancée dans la civilisation et plus puissante, trouvait toujours moyen d'empiéter sur les droits et les intérêts de notre pays.

Il fut donc nécessaire de renouveler souvent les efforts de la résistance, afin que la Hongrie, tout en cessant de jouer un rôle politique dans les affaires de l'Europe, pût au moins conserver sa nationalité, une grande liberté dans ses institutions, l'esprit et le goût constitutionnels, ses souvenirs et ses aspirations.

L'union personnelle est encore notre mot d'ordre aujourd'hui; c'est le but pratique du parti de l'indépendance. Nous sommes à la recherche de cette manière de vivre avec l'Autriche; nous espérons la trouver plus facilement, depuis que l'Autriche elle-même est devenue un pays constitutionnel et que la dynastie semble convertie au libéralisme. Mais nous voulons borner l'union à la seule personne du régent, nous rejetons toute autre « affaire commune » établie par le traité fatal de la « réconciliation » de 1867, œuvre de François Deák. Nous ne nous faisons pas d'illusions sur la nature de l'union personnelle; nous savons bien les différences et les similitudes qu'elle a avec l'*union réelle;* c'est toujours une *union* et non pas l'indépendance véritable, absolue; mais nous ne pouvons pas être aveugles sur la situation actuelle du monde. La puissance irrésistible des Turcs au XVIe siècle a forcé nos ancêtres à conclure une alliance avec la maison d'Autriche et l'empire allemand; les dangers imminents de la part du panslavisme et des nationalités slaves et orthodoxes de notre propre pays nous commandent de participer aux ressources d'une grande puissance faisant partie du système de l'équilibre européen. Nous ne nous sentons pas la force de contribuer au bouleversement d'un système préservateur, mais nous ne cessons pas d'espérer.

Quant aux affaires intérieures, le parti de l'indépendance veut conserver l'ancien système municipal de l'administration, système ayant des ressemblances frappantes avec celui de l'Angleterre, mais établissant un *self-government* encore plus développé. La Hongrie était divisée autrefois en 73 comtés (à présent 52) qui avaient pour chef un comte supérieur (lord lieutenant) nommé par le roi, mais n'ayant aucune influence réelle; l'exécution des lois, l'administration et la justice presque entière du royaume étaient faites par de très larges conseils municipaux comprenant la noblesse tout entière (comptant 600,000 âmes) et des magistrats élus par les mêmes conseils pour trois ans.

Les municipalités avaient le moyen de ne pas exécuter les décrets du gouvernement lorsqu'elles les trouvaient contraires aux lois; elles élisaient les membres de la Chambre des députés et leur donnaient des instructions. C'est à ce système municipal que nous devons la conservation de la liberté, la conscience et l'esprit d'un peuple libre au milieu des plus grands efforts de la politique autrichienne pour rendre la Hongrie, comme disait l'un de ses célèbres ministres, le cardinal de Kollonich, « d'abord mendiante, puis esclave, enfin catholique ». Ce système est envahi de nos jours de plus en plus par la bureaucratie; mais ses cadres et l'élection des fonction_ naires existent encore, et cette ancienne institution nous semble destinée à former, selon le mot de M. Kossuth, « le boulevard de la Constitution ».

Nos rapports avec l'autre groupe de l'opposition, ou *parti de l'opposition modérée* (Apponyi, Szilágyi), se bornent au commun désir d'amener la chute du cabinet Tisza, de ce règne scandaleux de l'apostasie et du mensonge, de cette politique purement personnelle et égoïste, sacrifiant continuellement les droits et les intérêts du pays à la conservation du pouvoir. Nous ne fondons pas de grandes espérances sur l'arrivée des modérés au pouvoir, puisque c'est d'un changement radical du système des « affaires communes » et non d'un changement de personnes que dépend, selon nous, le salut du pays. La logique des traités de 1867, que les modérés s'obstinent à maintenir, comme les partisans du gouvernement de M. Tisza, conduit à rebâtir successivement l'édifice de l'empire autrichien et au sacrifice continuel des droits et des intérêts de la Hongrie.

M. Kossuth, quoique l'honorant de sa sympathie, refuse toute solidarité avec le parti de l'indépendance. Il ne croit pas à la possibilité d'une coexistence quelconque avec l'Autriche; il dit que le seul salut de la Hongrie est dans une séparation complète. Il est prêt à être le sujet de François-Joseph, roi de Hongrie, mais jamais celui de l'empereur - roi de l'Autriche-Hongrie. Il craint que la Hongrie, attachée à la monarchie des Habsbourg, ne coure les plus grands dangers pour l'existence de sa nationalité, que la politique de la maison d'Autriche n'attire une catastrophe inévitable, et qu'alors « la Hongrie ne serve d'autel sur lequel la logique de l'histoire brûlera le double aigle autrichien ». M. Kossuth refuse de revoir sa patrie, voulant garder intactes ses convictions et tenir sans faiblesse le drapeau de la Hongrie indépendante. Rôle sublime, admiré par ses compatriotes, lesquels cependant ne peuvent se dispenser de faire leur tâche quotidienne dans les bornes d'une situation donnée, convaincus que la nation pourra toujours rentrer dans ses droits inaliénables dès que l'heure sera arrivée.

Louis de Mocsary,
Membre du Parlement.

Budapest, 1er avril 1884.

SLAVES ET HONGROIS

LES RACES NON MAGYARES

Il y a, dans la politique hongroise, même intérieure, une question extérieure, qui est celle des races non magyares. Jusqu'au pacte de 1867, la maison de Habsbourg a toujours fait d'énormes efforts pour détacher de la Hongrie les nationalités, non magyares, qui y étaient annexées. L'empereur François-Joseph, loyalement, les laisse gouverner par la couronne de saint Étienne.

Dans le passé, les Hongrois ont certainement été des envahisseurs, ils sont venus arracher la terre aux autochtones. Mais, où d'autres conqué-

rants détruisirent les peuples conquis, eux les ont
laissé vivre. Pendant la révolution de 1848, l'Autriche, dont la formule était de diviser pour vaincre, égara l'esprit des nationalités non magyares.
La Hongrie, qui luttait contre la tyrannie, pour ses
franchises, pour la liberté, eût certainement associé tous ses gouvernés au triomphe; mais, vaincue
à l'aide de leur révolte, elle leur en a gardé, et
peut-être leur en garde-t-elle rancune encore aujourd'hui.

Les Serbes, les Croates, les Valaques, les Saxons,
savaient pourtant depuis bien des siècles que les
Hongrois ne voulaient pas les exterminer. Ceux
qu'ils appelaient les Scythes féroces avaient respecté leurs mœurs, leurs coutumes et leur langue,
qu'ils retrouvaient tous intacts pour affirmer leur
nationalité, étrangère à la Hongrie.

Au moment de la guerre contre les Ottomans,
pourquoi les petits peuples non magyars n'avaient-
ils pas fait alliance avec l'ennemi puissant de la
Hongrie, qui l'opprima durant 150 années? Parce
que la Russie n'avait pas encore inauguré son
système d'exciter chez ces peuples la haine

de la Hongrie. Dès 1825, le cabinet de Pétersbourg répétait comme un *delenda Carthago* à
l'Autriche, qui se contentait jusque-là d'entretenir des animosités : « Il faut détruire les
Magyars ! »

L'Autriche, au lieu de subir la Russie, l'avait
toujours surveillée dans sa propagande; mais, lorsqu'elle se vit menacée par les Hongrois plus que
par les Slaves, elle se servit des intrigues de sa
rivale, devenue son alliée.

Les Hongrois sont coupables, comme la Roumanie, d'avoir coupé en deux les Slaves du Nord
et les Slaves du Sud. Il s'agit aujourd'hui de
savoir, dans la lutte engagée, si les « coupeurs de
Slaves » doivent disparaître pour permettre aux
Slaves leur unification, ou si la Hongrie et la Roumanie sont nécessaires pour garder les Slaves coupés des entreprises futures d'un grand empire
d'Occident ?

Pour moi, qui crois plus à l'avenir des petits
États confédérés qu'à celui des grands États unifiés,
je trouve coupable la guerre de l'Illyrisme, ou
toute autre guerre des petites nationalités contre

la Hongrie, et j'eusse répété avec Petoefi en 1848 :

> Pourquoi, Croates et Valaques,
> Saxons, Serbes, attaquez-vous
> Celui qui, des Turcs, des Tartares,
> Vous défendit le sabre en main ?
>
> En vrais frères nous partageâmes
> Tous nos bonheurs avec vous ;
> Nous partageâmes le fardeau
> Quand le sort chargea vos épaules.
>
> Voilà votre reconnaissance !
> Ameutés par un roi parjure,
> Voraces, vous nous déchirez
> Comme le corbeau le cadavre...

Si les Magyars avaient conquis de sérieuses libertés pendant la Révolution, ils les eussent partagées avec les pays non magyars. Est-ce qu'alors Wesselényi ne faisait pas proclamer l'émancipation des paysans de Transylvanie ? Est-ce que, dans sa séance du 28 juillet 1849, la Diète, émue des malheurs de la guerre civile, ne proposa pas un décret de réconciliation ? Est-ce que Vasváry, qu'on disait fou à Pest, ne voyait pas l'avenir quand il s'écriait : « L'étendard que lève la Hongrie est celui de la

liberté pour tous »? Que chantait alors Petoefi?
« Une nation ne peut être libre, si elle opprime les
autres. » Est-ce que Vienne libre ne favorisait pas
la liberté hongroise? Est-ce que Pest libre n'eût
point favorisé la liberté des Croates, des Valaques,
des Serbes et des Saxons?

La majorité de la Diète comprenait alors, avec
Kossuth, que, dans une Hongrie indépendante, tous
les habitants, de quelque religion qu'ils fussent et
quel que fût leur régime, devaient trouver la satisfaction de leurs vœux légitimes. Avec la liberté,
le jeu de toutes les libertés est facile. De 1849 à
1859, si les Hongrois vainqueurs, au lieu de souffrir
les mille morts de la tyrannie autrichienne, avaient
joui de leur indépendance, organisé leur pays,
ceux qui soutiennent une lutte fratricide contre la
Hongrie peuvent-il affirmer qu'ils n'auraient point
aujourd'hui leur large part de liberté? Les peuples
non magyars répondent à cela comme je répon-
drais moi-même, puisqu'ils votent presque partout
avec le parti de l'Indépendance.

L'opposition la plus forte qui soit faite à la patrie
hongroise vient des Croates. Les pays compris entre

la Save, la Drave et le Danube, c'est-à-dire les provinces de Croatie et d'Esclavonie, furent, en 1868, réunis à la Hongrie, par un pacte prorogé en 1873.

Ces pays, en principe, si tous les droits autonomes n'étaient pas, à l'heure qu'il est, escamotés par M. Tisza, devraient avoir une large autonomie. Leur administration est distincte de celle des pays magyars, leur Diète peut légiférer sur tout ce qui a rapport à l'autonomie de la Croatie; aussi les Croates souffrent-ils de voir l'ingérence du gouvernement de M. Tisza dans leurs affaires.

Les Croates regardent le royaume croate comme un État égalitaire, et considèrent que leurs rapports avec la couronne de saint Étienne doivent être ceux que la Hongrie a elle-même avec l'Autriche. Les Hongrois, de leur côté, prétendent que la Diète d'Agram n'est qu'une assemblée locale, et qu'elle ne peut exercer de droits souverains que dans le Parlement hongrois, où elle est représentée par une délégation.

A la Diète d'Agram, les revendications un peu vagues de la Croatie sont soutenues par le parti

national, qui, malgré sa constante déclaration d'être
le gardien fidèle du traité de 1868, agit en sens
contraire et rêve la formation d'une Grande Croatie
ayant la prépondérance en Dalmatie, en Bosnie,
en Herzégovine, et formant le trialisme dans l'empire des Habsbourg.

Quoique les partis soient très confus et très
émiettés en dehors du parti national, tous sont
d'accord pour penser que la Croatie jouera le
grand rôle dans le groupement futur de la pres-
qu'île des Balkans. Ils croient au partage de la
Turquie d'Europe par la Russie et par l'Autriche,
et que la Grande Croatie, un jour, ayant l'empereur
d'Autriche pour souverain, sera composée de la
Croatie avec la Slavonie, la Dalmatie, l'Illyrie, la
Bosnie et le Monténégro.

Les Croates risquent un peu, s'ils exagèrent trop
tôt leurs ambitions, de voir la Hongrie détacher la
Slavonie de la Croatie, cette province préférant
être hongroise que croate. La Croatie compte à
peine quelques centaines de mille habitants, assez
pauvres pour la plupart, puisque la Hongrie est
obligée de payer quatre millions au budget com-

mum de la monarchie pour la Croatie. Plutôt que
de la tracasser, comme le fait M. Tisza, il vaudrait
mieux la menacer de l'abandonner à elle-même, si
elle est ingouvernable.

Le ban de Croatie, M. le comte Khuen-Héder-
váry, a fait alliance avec le parti national, espérant
le réglementer et constituer, à la Diète d'Agram,
une majorité sachant ce qu'elle veut. L'acte était à
la fois courageux et politique ; mais jusqu'à présent,
il ne semble avoir eu pour résultat que d'exciter
contre le ban les passions plus vives des autres
partis, sans avoir réussi à organiser le parti national. Les Croates de sang-froid, mais ils sont rares,
essayent de calmer les rancunes présentes, répètent que l'avenir fera son œuvre et que la solution
croate rentre dans la solution de la question orientale, que ni la Croatie, ni la Hongrie, ni même
l'Autriche n'ont le pouvoir de démêler à leur gré.

Ainsi raisonnent les Serbes de Hongrie qui admettent, au moins dans la forme, l'État hongrois.
Ceux-là sont des habiles ; au lieu de troubler une
situation, ils l'exploitent. D'ailleurs, être Serbes
autrichiens ou Serbes austro-hongrois, la différence

est mince. Ils voient que leurs frères du royaume
serbe ne sont pas plus indépendants de l'Autriche
que les Hongrois. Le roi Milan n'est-il pas un simple
délégué de l'Empire, comme M. Tisza? Les Serbes
du Banat ont abandonné M. Miletich et disent reconnaître la patrie hongroise; ils renoncent à créer
un parti national et acceptent sans réserve le pacte
de 1867. Sont-ils sincères? A Kikinda, plus de
50 communes serbes ont envoyé leurs délégués,
déclarant ne vouloir plus se servir que de l'agitation
légale pour obtenir l'autonomie absolue de leurs
églises, de leurs écoles, et que tout ce qui la limite
soit aboli. Plus habiles que les Croates, ils se disent qu'il faut user des ressources de l'État hongrois pour être au niveau de la Hongrie; mais
ils ne sont ni définitivement ralliés, ni assimilés,
malgré le bruit que fait M. Tisza de leur conversion.

Les Roumains de la Transylvanie résistent, comme
les Croates, à toute assimilation. 183 délégués ont
pris part à la réunion de Nagy Szeben (Hermannstadt). Leurs griefs visent, en somme, beaucoup
plus le gouvernement de M. Tisza que l'État hon-

grois, parce qu'ils se plaignent de manquer de liberté. On intervient dans l'organisation et dans l'administration de leurs églises et de leurs écoles. Cette année, à Brassó (Kronstadt), à Kolosvár (Klausenburg), les Roumains ont célébré avec plus d'éclat qu'à l'ordinaire le très significatif anniversaire du Congrès roumain de 1848, où la Transylvanie fut déclarée réunie à la grande Roumanie. Le parti de l'agitation roumaine veut sortir de la politique d'abstention adoptée par le programme de Nagy Szeben (Hermannstadt) en 1882, pour entrer dans la politique d'action. Il demande l'autonomie, l'emploi légal de la langue roumaine, la reconnaissance du droit de vote pour tout citoyen qui paye un impôt direct.

J'ajouterai, à toutes ces revendications, une seule. Pendant mon séjour à Pest, j'ai reçu une lettre qui, je le confesse, m'a, dans le premier moment, très émue, malgré l'exagération visible dont elle était empreinte. Je ne la donnerai pas en entier ne voulant pas blesser mes amis hongrois, et cependant j'en détache quelques extraits, pour les obliger à un examen de conscience, s'il y a lieu. La lettre était signée de noms slovaques, « fils d'une nation opprimée » :

« Vous devriez, Madame, visiter les contrées slovaques et voir les beaux rivages du Danube, de la Morava, habités par une nation de deux millions d'hommes, parqués comme les troupeaux des vallées de Potemkine, et qui n'ont pas une seule école, les trois que nous avions soutenues à nos propres frais nous étant enlevées par les Magyars, tandis que nous subventionnons les théâtres populaires hongrois de la rue de Kerepes. Quittez, Madame, les ponts sur le Danube, les palais sur les quais, les rues larges et asphaltées, les édifices dorés, les théâtres, les musées, l'académie, les statues, toutes choses élevées par le capital juif et le travail slovaque pour l'exaltation d'un magyarisme sans Magyar! Le magyarisme est une fiction.

Je ne sais ce que répondront les Hongrois, et s'ils sont coupables de la misère slovaque; mais ce que moi, je répondrai à propos du magyarisme, c'est que plus une race est puissante, mieux elle assimile les éléments qui lui sont étrangers.

Je me demande ce que gagneraient les Slaves de Hongrie s'ils parvenaient à détruire l'État hongrois. Quel recours auraient-ils contre l'Autriche devenue unitaire? quelle sauvegarde contre la Russie? quel secours contre l'Allemagne, « la mangeuse de Slaves » ?

Pour satisfaire les pays non magyars, il ne s'agit donc, en somme, que de leur donner des libertés, de réaliser des réformes que la Hongrie elle-même demandera un jour. L'autoritarisme, l'unitarisme, la centralisation, ont eu en Europe leurs beaux jours; mais ils sont arrivés à ce moment où les abus d'un système préparent l'évolution d'un autre. L'initiative des individus et des petites nationalités, en se réveillant, est un signe du mouvement libéral et autonomiste de l'avenir. Le fédéralisme loyal, l'association politique des nationalités, garantiront bien des intérêts qu'aujourd'hui les grands empires absorbent et dévorent. L'Autriche-Hongrie est l'un des pays les mieux préparés pour faire l'essai de cette reprise de possession des petits groupements de race. Là où d'autres voient une faiblesse dans l'expansion de vingt peuples divers, je vois une puissance convergente de forces libres. Tous les pays qui ont gardé, comme la Hongrie et les pays non magyars, des institutions communales autonomes et des institutions politiques fédéralistes,

ayant moins de réformes fondamentales à opérer,
se trouveront, par un revirement subit tel que nous
en montre l'histoire, à la tête du progrès futur.

Que les petites nationalités non magyares et les
Magyars combattent donc pour leurs franchises,
pour l'autonomie réelle et non fictive des comitats
et des petites nationalités, contre l'administration
de M. Tisza qui croit agréger ce qu'il désagrège.
Les lambeaux qu'ils arracheront à la rapacité gouvernementale du président du conseil et à ses agents,
deviendront pour eux les glorieux trophées des conquêtes de l'avenir.

LIBÉRALISME

LES CATHOLIQUES ET LES SOCIALISTES CHRÉTIENS

Il semble que le monde de l'esprit se meuve comme se meut le monde physique, et que les révolutions intellectuelles d'une nation soient tout simplement sa marche propre dans son orbite. L'observateur social, comme l'astronome, peut donc, à heure fixe, prédire qu'un pays comme un astre passera où il a déjà passé.

Mais le mouvement de translation intellectuelle d'une société ne saisit pas toujours les mêmes hommes, les mêmes milieux. Il faut des conditions de densité particulière pour participer au mouvement. Dans la crainte de voir d'autres éléments se substituer à ceux avec lesquels on gravite, il est donc nécessaire de se maintenir en action supérieure. Un danger plus grand encore pour les milieux dont les forces s'immobilisent, c'est de croire que celles des autres milieux ne se meuvent pas.

Je me suis toujours alarmée de voir nier autour de moi deux mouvements : ceux du catholicisme libéral et du socialisme chrétien. Lorsque mon ami, M. Brisson, si résolu dans ses opinions autoritaires, me disait en riant : « La liberté, qu'est-ce que c'est que ça ? » ; lorsque Gambetta, gaiement, répétait à notre entourage : « Cette femme est un danger public, elle fait de la propagande socialiste à une époque où il n'y a pas de question sociale, et où, par conséquent, on ne peut pas la résoudre ; c'est une agitatrice, nous l'exilerons » ; je souffrais de ces insouciances, je m'inquiétais de l'habileté de nos adversaires se saisissant peu à peu des forces que mon parti dédaignait. En même temps que la démocratie devient plus autoritaire, le catholicisme devient plus libéral, et, dans le même moment où les nouvelles couches sociales, nées du peuple, nient la question sociale, l'aristocratie se fait socialiste.

La Révolution française n'a plus une seule formule idéale qui lui permette de faire du prosélytisme ; inoccupée, elle tracasse l'Église. L'Église attaquée se défend et trouve une formule de prosélytisme pratique pour combattre la Révolution sur son propre terrain. Chose curieuse : au même instant où le groupe dirigeant de la République retourne aux principes de gouvernement du passé, le groupe dirigeant des catholiques, dans toute l'Europe, essaye de concilier le catholicisme avec les réformes, avec les institutions et le vocabulaire modernes.

Les apôtres Lacordaire, Montalembert, Dupanloup, avaient su préparer en France, comme M. de Mérode le fit en Belgique, les esprits cléricaux à l'alliance des idées libérales et religieuses. L'Église détestait Louis-Philippe, roi voltairien et bourgeois, plus que les républicains futurs de 1848 qui, de leur côté, se réclamaient de Jésus, et qui appelèrent les prêtres, au jour du triomphe, pour bénir les arbres de la liberté.

Pie IX, dans une vision, heureusement courte, entrevit le pacte traditionnel et chrétien de la démocratie et de l'Église; mais, esprit faible, il se laissa ressaisir par le courant autoritaire. Léon XIII, lui, a compris; depuis son avènement au trône de saint Pierre, depuis le premier mot prononcé après son élévation, il a fait ce qu'il appelle de la « grande politique ». Le pape a sans cesse encouragé, dans les hautes classes, ceux qui s'occupent du peuple, répétant que ceux-là seuls réalisaient l'esprit de l'Église, qu'il fallait étudier les besoins des petits et des déshérités et lutter avec eux contre une bourgeoisie sceptique, ingrate envers le milieu dont elle est sortie.

Il est facile de dire de ses adversaires qu'ils appartiennent au passé, qu'ils sont incapables d'accepter le présent, de le comprendre. Dans tous les combats, c'est être au moins habile, cependant, que de connaître la force de ses ennemis plutôt que de la nier. Cela, pour deux raisons : parce que le triomphé a sa juste valeur, ou que la défaite est moins humiliante.

Léon XIII a vu une grande œuvre à faire, pour un

pape privé du pouvoir temporel, dans le rapprochement du riche et du pauvre, du grand seigneur et
de l'ouvrier, à l'heure où l'individualisme livre
les petits et les déshérités aux forces centralisatrices et fatales de la société actuelle. Léon XIII,
même avant d'être pape, a toujours été préoccupé
des questions de liberté et de socialisme. Dans l'une
de ses lettres pastorales, datée de Vérone, sur
l'Église et la civilisation, il est facile de retrouver
les mobiles de la direction qu'il donne au monde
catholique.

N'est-ce pas lui qui, le premier, conseilla aux catholiques belges d'accepter la liberté de conscience,
la liberté de l'enseignement et de la presse, la liberté d'association, et de ne se mettre en travers
d'aucune réforme, d'aucune institution moderne?
Ces prévisions ont permis aux catholiques libéraux
de dire, à Bruxelles, en prenant possession du
pouvoir : « Nous avons triomphé, non pour ôter la
liberté à nos adversaires vaincus, mais pour la rendre à tout le monde », et encore : « Notre préoccupation sera, non seulement de réparer les brèches faites à nos libertés à nous, et de les mettre

désormais à l'abri de toute atteinte, mais encore d'assurer la liberté et les droits des autres. »

En France, l'œuvre des cercles catholiques poursuit le but libéral social qui est devenu le mot d'ordre de l'Église, et i ne faut pas sourire de cette œuvre. Je l'ai étudiée, et je la prends au sérieux. Des femmes intelligentes, « émues du sort des petits et des déshérités », s'y consacrent et répandent des formules, des vérités, qui nous appartenaient jusqu'ici, héritage que les femmes républicaines n'auraient jamais dû se laisser arracher. Mais que je parle de libéralisme à mes amis au pouvoir et de socialisme à la plupart de mes amies, et il me sera répondu : — La liberté, qu'est-ce que c'est que ça? — Le socialisme, c'es communard. »

Depuis que les classes moyennes se sont éloignées du peuple, les hautes classes s'en sont rapprochées. Le mouvement libéral catholique et socialiste chrétien reçoit de toutes parts, en Europe, des impulsions qui lui donneront bientôt, je le crains, la puissance de ce qu'on appelle la vitesse acquise. Ce n'est plus maintenant avec des mots qu'on peut lutter; les mots sont pris! Et demain, qui sait si les institutions elles-mêmes, c'est-à-dire les seules preuves de nos idées, ne nous seront pas enlevées?

Je lis dans la profession de foi du comte Albert Apponyi, aux dernières élections hongroises : « Loin d'encourager les attaques dirigées contre les classes supérieures, j'estime qu'on a besoin de leur concours pour atteindre le but, c'est-à-dire la paix sociale. Il faut aider les classes pauvres à s'affranchir de l'esclavage du capital, féodalité aussi tyrannique qu'une autre. La démocratisation de l'argent et de l'intelligence nécessite la protection des aristocraties et même de l'État dans ses commencements. Ceux qui parlent de libéralisme, de liberté, en prétendant que l'égalité des droits suffit, sont ou des ignorants ou des hypocrites; ils savent bien que, pour cueillir les mêmes fruits à l'arbre, il faut être de même taille.

« La question sociale, ajoute le comte Albert Apponyi, frappe aux portes de la Hongrie; et cette question n'est autre chose que le contraste existant chez la plupart des peuples modernes entre l'augmentation des forces productives et le mouvement du bien-être des nombreuses classes de la popula-

tion. Le principe d'économie politique qui prétend
que le bien-être du plus grand nombre est en
rapport avec le progrès de la production, est une
duperie. La richesse augmente, mais non le bien-
être général. »

Ceci me rappelle une théorie des discours de
Marco Minghetti, que je trouve étonnamment con-
cise : « La science de la nature a fait de grands
progrès, et pourtant l'humanité souffre parce qu'elle
en use mal, faute d'une législation sur la production et la distribution de la richesse, conforme aux
lois de la morale et de la justice. »

Le courant des idées sociales, dans le catholicisme, est général, et les opinions répandues s'expo-
sent partout dans la même forme. Si le comte Albert
Apponyi affirme « qu'on a besoin du concours des
hautes classes pour atteindre la paix sociale »,
l'œuvre des cercles catholiques déclare qu'elle
« a rappelé les classes élevées de la nation au
sentiment des grands devoirs qui les lient aux
classes populaires; le dévouement et les services
rendus étant les plus beaux titres de noblesse des
familles historiques, — celles-ci, détachées du sol

par de royales erreurs, puis frappées par la
Révolution, avaient perdu, avec les privilèges
accordés à leurs services, la notion même de leurs
devoirs sociaux. — L'œuvre cherche, dans le rétablissement de ce lien social, du dévouement et de
services réciproques, à combattre l'égoïsme étroit
qui régit la société actuelle. »

En effet, à quelque point de vue qu'on se place
pour juger la société actuelle, il faut reconnaître
qu'elle est livrée à l'égoïsme, à l'individualisme.
Or, l'individu ne peut, à lui seul, manier les choses
sociales sans l'intervention des autres hommes. Il
ne rencontre que des antagonismes, ne dispose
que de forces insuffisantes. Il doit donc créer des
rapports avec ses égaux ou ses supérieurs en
situation, pour qu'ils lui apportent un concours ou
une aide, et qu'il puisse, sur ces rapports économiques ou d'ordre moral, constituer les lois et
déterminer les devoirs sociaux.

L'association sous toutes ses formes, protec-
trices ou productrices, est le seul moyen d'aider
au bien-être des masses, trop ignorantes et trop
dépourvues encore de ressources pour formuler

elles-mêmes les revendications de leurs droits, pour en alimenter les réclamations.

Si l'État républicain, si les partis démocratiques se désintéressent de la question sociale, les principes qui devraient nous gouverner, l'organisation qui doit être la nôtre, les axiomes qui nous appartiennent et pour lesquels nos pères ont donné leur sang, tout cela nous sera irrévocablement soustrait. Infidèles aux devoirs qui nous incombent, et qui vont être remplis par d'autres, nous nous verrons à tout jamais dépossédés de nos moyens d'influence et d'action.

Admettons, pour un instant, que les légitimistes-catholiques français, ayant perdu, par la mort du comte de Chambord, la possibilité de ressaisir le pouvoir temporel, alliés au pape dépossédé de ce même pouvoir, disposant de la puissance de l'Église, des avantages de la richesse, et ne pouvant travailler à une restauration monarchique, travaillent à une restauration sociale, qu'ils réalisent enfin le gouvernement d'*ordre moral?* imagine-t-on ce que deviendrait la République et ce qu'elle serait?

Le péril est menaçant, car Léon XIII prépare la

croisade qu'un pape plus jeune peut conduire et
faire triompher. La constitution de l'Église, le dévouement individuel que le christianisme exalte,
il faut en convenir, dans une proportion plus large
que la philosophie de M. Paul Bert, sont faits pour
provoquer un de ces grands mouvements de réforme morale qui s'appuient toujours sur un mouvement social. Dans l'état de transition, de recherche,
de trouble, de crainte, où se trouve la société actuelle, ceux qui grouperont les bonnes volontés,
qui donneront des apparences de solution, seront
suivis, d'où qu'ils partent, si l'on suppose qu'ils
atteindront le but de « la paix sociale ».

Quels capitaux mieux que les capitaux catholiques pourront se prêter à une distribution plus
juste de la richesse, créer des associations, aider
aux transitions de cette fin de siècle? C'est là que
les libéraux et les socialistes chrétiens trouveront
ce qu'ils cherchent à cette heure, selon la parole
de Pie IX : « le rajeunissement dans la liberté et
la démocratie ».

Et, chose étrange, à ce mouvement de ce qu'on
appelle en Europe le parti des extrêmes droites, le

parti des extrêmes gauches serait forcé de s'associer. Des essais ont été faits dans ce sens déjà, et ils ont réussi.

Les radicaux et les catholiques, en Hongrie, se sont trouvés d'accord pour reconnaître que certaines industries sombrent parce qu'elles sont sans protection pour le développement de leur art, que les ressources manquent aux ouvriers pour apprendre à bien faire, et qu'on peut s'inspirer de certaines formes de la constitution ancienne du travail, appropriées au temps présent, pour permettre aux apprentis de n'être pas livrés à la production trop hâtive.

Vers la fin du dernier siècle et au commencement du xixe, chaque fois qu'on détruisait une force du passé, on croyait fortifier l'avenir. La marche de l'homme à la recherche de la vérité n'est cependant pas toujours une marche en avant. Les expériences du passé contiennent bien des tâtonnements inutiles à recommencer et bien des preuves auxquelles il est enfantin de ne pas se soumettre. L'absolu n'est pas de cette société! En 1789, on supprima toutes les corporations, sans

réfléchir qu'un art national a besoin de garanties.
Je reconnais volontiers qu'aujourd'hui l'organisation complète des Chambres syndicales suffirait
aux ouvriers des manufactures. La bonne volonté
des Chambres de patrons et des Chambres d'ouvriers suffirait de même à régler toutes les difficultés. Mais dans la lutte avec la concurrence étrangère, pour les arts difficiles, la lente initiation
qu'ils réclament exige certaines protections que
l'ouvrier trouvera seulement dans la corporation.
D'ailleurs, si l'on veut améliorer sans secousse le
sort des travailleurs, pourquoi ne pas admettre
toutes les formes qui peuvent y aider : association,
participation, corporation? La liberté comporte
plus d'une forme de liberté.

Les problèmes sociaux ont été soulevés par le
passé le plus lointain; l'antiquité les connaissait,
les républiques italiennes ont essayé toutes leurs
solutions. Il faut avoir les parti pris d'un J.-B. Say
pour oser dire : « Il nous importe peu de savoir ce
que nos prédécesseurs ont rêvé sur ce sujet (sujet
d'économie politique) et de refaire avec eux cette
suite de faux pas qui ont retardé la marche de

l'homme dans la recherche de la vérité. » Je trouve,
au contraire, qu'il est coupable de faire perdre à
un peuple ses traditions; les lui conserver, quelles
qu'elles soient, c'est le mettre en possession du plus
précieux des héritages; c'est, en tout cas, le faire
juge de ce qu'il lui convient d'en recueillir.

L'extrême gauche, en Hongrie, et le parti du
comte Apponyi se sont coalisés pour faire voter la
loi sur les métiers. Le comte a défendu les articles
qui organisent l'instruction des apprentis, règlent
les rapports entre les ouvriers et les patrons, créent
un esprit de corps, sinon de corporation, parmi les
industriels, afin de relever la petite industrie, de
la protéger, d'empêcher que tout se fasse à la
mécanique, de former enfin l'ouvrier, pour qu'il
adapte son organisation à celle de son art.

En Hongrie, les anciennes corporations industrielles n'ont été abolies que par la loi sur l'industrie, de 1872. On avait supprimé les métiers,
apprentis, aides et maîtres, supprimé l'examen
pour passer d'un degré à l'autre et l'admission aux
maîtrises par le chef-d'œuvre; la loi de 1872 éta-
blissait la liberté absolue des métiers. La chambre

syndicale n'avait aucun pouvoir disciplinaire; y entrait qui voulait. La nouvelle loi de 1884, résultat de l'accord de l'extrême droite et de l'extrême gauche du Parlement hongrois, loi à laquelle M. Tisza n'a pas osé faire obstacle à cause de la proximité des élections, modifie un peu l'état de choses : une certaine connaissance est exigée pour quelques métiers à la main ; de même, la création des corps de métiers est reconnue. C'est une demi-mesure. La richesse d'un groupe d'ouvriers exige parfois des restrictions de liberté pour chacun d'eux.

Ainsi, dans ce pays si politique, à quelques années de distance, on accepte et l'expérience ancienne et l'expérience présente, on reprend une consultation du passé.

Le passé! Sans doute, il faut répudier tout ce qu'il a d'odieux, de criminel, d'injuste; mais, est-ce que les peuples et les individus peuvent se dégager de toute hérédité? La prétention est grande, à la même époque, de s'isoler à la fois de la famille humaine et de toute attache avec le divin. S'individualiser à ce point, n'est-ce pas s'acheminer vers la sauvagerie? Rejeter toute éducation idéale et sociale, c'est se priver de cette chose de forme parfaite qui établit des relations courtoises, des rapports nécessaires, des échanges utiles, entre l'ascendance et ce qui est. Une société qui se vante de n'accepter rien du passé, ni conseil, ni exemple, me fait l'effet d'un homme qui se vanterait d'être un ignorant et un malotru.

On ne gagne pas grand'chose à ces répudiations si complètes. L'esprit humain, dans sa généralité, a toujours sa même somme d'exigence. Si un grand nombre de gens se détachent du passé, un autre grand nombre s'y rattache, et les équilibres se retrouvent. La science est-elle plus exacte? le mysticisme s'exalte. L'inconnu disparaît-il dans l'infiniment grand? il se retrouve dans l'infiniment petit.

Des principes nous ont été légués par la vieille France : la démocratie par la Gaule; la protection des faibles et des opprimés par la chevalerie; la constitution du travail, l'autonomie communale, la consultation du peuple, par la royauté française avant François Ier.

Il faut reprendre, retrouver nos traditions, qui se

résument en une formule : association des individus
et liberté du groupe. Nous n'avons aujourd'hui que
l'isolement de l'individu et l'oppression par l'État.
Qu'un parti vieux libéral français se forme dans nos
rangs républicains! C'est encore sous les républiques, toutes nous en donnent la preuve, de l'antiquité jusqu'à nos jours, que le jeu des forces et des
expansions sociales est le plus facile. Apprenons au
peuple son passé et ce qu'il peut en reprendre,
quelles leçons il recevra des enseignements de la
grande famille nationale, quels titres de noblesse
il trouvera dans sa généalogie, quelle éducation il
se fera.

Et puisque nous en sommes aux leçons, aux
enseignements qu'il faut savoir accepter d'un autre
temps que le sien, je montrerai comment la vie
d'un homme n'appartenant pas à notre parti peut
servir d'exemple à des républicains. J'ai vu l'élévation instantanée de mes amis correspondre, parfois, au détachement subit de leur milieu. Je les ai
vus sortir du peuple et oublier le peuple, être
portés par la politique et mépriser la politique; je
les ai vus, nés pauvres, sourire de la participation

du grand nombre à la richesse générale. En
revanche, je connais, de par l'Europe, bien des
hommes de la vieille noblesse qui aiment le peuple,
qui se consacrent à la politique par goût, dont le
nom et la fortune sont faits, et que nul intérêt
d'aucune sorte ne guide dans la recherche du bien
public. On les dit ambitieux; mais, est-ce que tous
ceux qui montent ne le sont pas au même degré,
que leur ambition soit personnelle ou impersonnelle? Si les démocraties ont leurs vertus et leurs
dévouements, les aristocraties ont les leurs; et le
peuple hongrois a toujours compris qu'il était
habile, et souvent moins coûteux, d'accepter les
services de ses nobles que de former dans les classes
moyennes des hommes politiques.

Un magnat hongrois, fût-il grand seigneur, est
sympathique à la démocratie française parce que
la plupart des magnats ont pris part à la Révolution de Hongrie en 1848. Le comte Albert Apponyi
est libéral, socialiste, ami du peuple, des paysans,
allié des extrêmes gauches pour combattre l'autoritarisme et relever le niveau moral des masses.

Depuis quelques années, les esprits comme celui

du comte Albert Apponyi se sont développés, complétés, et en sont venus à l'entière conscience de leur valeur, à la pleine possession de leurs moyens d'action. Dans les combats que les libéraux et les radicaux ont à soutenir contre un Tisza, ils acceptent volontiers qu'on leur dise : « Messieurs les catholiques, tirez les premiers. » Aux dernières élections hongroises, le comte Apponyi et les siens n'ont épargné ni leurs peines, ni leurs coups.

Le comte Apponyi est grand, très grand, un peu trop peut-être. Il est mince, élégant; ses traits sont réguliers quoiqu'un peu forts; il a de beaux yeux bruns et clairs, la moustache fine, la barbe longue, la bouche bien ouverte d'un orateur, les dents admirables, la physionomie sympathique, intelligente, la voix sonore et douce avec des timbres variés. Il parle le français lu, c'est-à-dire une langue extrêmement choisie; sa prononciation est la plus pure qu'on puisse entendre, même en France.

On lui croit toutes les ambitions, sans qu'on puisse dire qu'il est ambitieux. Fondateur du cercle français à Pest, il a d'extrêmes sympathies pour la

France, « le seul pays, dit-il, qu'on puisse aimer avec désintéressement ».

Le comte Apponyi, malgré l'indépendance et la nature de son esprit, a paru obéir aux partis pris de sa confession, à la fin de la dernière législature, en votant contre le mariage mixte entre chrétiens et juifs, ce qui serait bien antilibéral, s'il n'y avait une excuse : la proposition était faite par M. Tisza, et le vote des modérés a été, dit-on, une manœuvre parlementaire.

Le comte Apponyi sûrement n'est point un ultra-montain, car un jour que je lui demandais ce qu'il ferait s'il avait à choisir entre la Hongrie et Rome, il me répondit sans hésiter : « Je choisirais mon pays, car je suis, avant tout, patriote. »

En Hongrie, d'ailleurs, le clergé catholique est un clergé national. L'église romaine hongroise, fondée par le roi Étienne Ier en l'an 1000, s'est peu modifiée. Les prélats magyars ont toujours refusé, dans tous les conciles, d'affaiblir leur indépendance. L'archevêque d'Esztergom (Gran), primat de Hongrie, propose le choix de ses évêques à la couronne, qui le communique à la curie; ses choix ne sont jamais contestés, puisque l'archevêque-primat est nonce de droit. Le clergé hongrois ressemble à notre clergé du XVIIIᵉ siècle ; les hauts dignitaires de l'Église vivent de la vie des grands seigneurs.

Une histoire très connue en Hongrie est celle d'un archevêque-primat passant sur le pont de Budapest dans son carrosse de gala conduit à quatre chevaux. Un homme du peuple fait arrêter le carrosse, et, s'avançant à la portière, dit à l'archevêque : « Est-ce ainsi, dans un pareil équipage que se promenait Jésus? il allait à pied.

— Mon ami, lui répond tranquillement le primat, Jésus était fils d'un pauvre charpentier, et moi je suis né prince Batthyányi, magnat hongrois! »

Le peuple d'ailleurs ne voit pas un prêtre dans un évêque, mais un grand seigneur. Chaque évêché possède, en moyenne, un revenu qui varie de cent à quatre cent mille francs. L'archevêque de Kalocsa paye plus de cent mille francs d'impôts à l'État dans le seul comitat de Pest. Les fondations pieuses, administrées par le clergé, représentent environ un milliard à douze cents millions de francs. Les chanoines ont de dix à soixante mille francs, y compris

leurs provisions en blé et en vin. La plupart des
curés des petites villes ou des grands villages ont
une situation matérielle supérieure à celle des évêques français, et nos curés de campagne feraient
maigre figure à côté du plus pauvre desservant
hongrois. Pas un d'eux qui n'ait sa voiture et un
bétail proportionnel au rapport du domaine curial.
Les curés sont proposés à la nomination de l'évêque
par le patron de l'église de la paroisse. L'État n'a
rien à y voir et n'élève d'ailleurs aucune prétention
à cet égard.

Les moines mendiants, capucins, franciscains ou
autres, ne sont pas vêtus de bure grossière, mais
de drap fin, comme les membres du clergé ordinaire. La plupart mettent sur leurs soutanes des
paletots à la mode, et ont peu de goût pour la vie
ascétique.

Le clergé catholique est très patriote et très
populaire en Hongrie; d'après la Constitution, nul
autre qu'un catholique ne peut être roi. Encore
aujourd'hui, le catholicisme préside seul aux fêtes
officielles.

La couronne est armée contre l'Église. En cas de

résistance ou d'infidélité des évêques, l'État fait
d'abord citer le prélat devant la cour royale en
audience solennelle; réprimandé, l'évêque a le
droit de réponse. C'est aujourd'hui M. Tisza, calviniste, qui représente le roi. La dernière réprimande
a été adressée à un évêque qui avait osé parler de
l'infaillibilité du pape, non reconnue par l'État.
Lorsque le prélat résiste et ne se soumet pas à la
juridiction royale, on confisque ses bénéfices.

Les Hongrois n'ont aucun fanatisme religieux.
L'antisémitisme lui-même tient plus aux questions
politiques et sociales qu'à la religion. En Hongrie,
les différentes confessions, ne faisant pas de prosélytisme, n'ont point entre elles de jalousie ou
d'inimitié. Dans la même paroisse les ministres des
différents cultes vivent en très bonne intelligence,
surtout les protestants et les catholiques. Les
rabbins seuls affectent une grande réserve. Les
prêtres catholiques et les ministres protestants vont
au bal, au théâtre, au café. Ils fument leur cigare
dans la rue. Jamais on ne les voit avec un bréviaire;
quoiqu'ils aient, dans leurs mœurs, un certain
laisser aller oriental, personne ne crie au scandale.

Les congrégations sont riches, nombreuses, et aussi populaires que le clergé séculier. Le même nom désigne en hongrois un moine, un ami : *barát*. Les vocations ne sont pas toujours très sérieuses et le froc est souvent jeté aux orties ; il est si facile de se faire protestant pour se marier !

L'un des articles du programme du comte Apponyi est la séparation de l'Église et de l'État. Son influence sur le clergé national est très grande. S'il réclame l'autonomie de l'Église hongroise, ce n'est pas seulement pour qu'elle échappe à la confiscation, c'est aussi par sincère libéralisme. De même qu'en 1848 les évêques, sans y être contraints, renoncèrent à la dîme, ils sont prêts encore aujourd'hui à voter l'abolition de leurs privilèges à la Chambre des seigneurs.

S'il n'est pas rare de voir les prêtres catholiques soutenir une élection protestante, voire celle d'un juif, il est cependant unique de voir une circonscription protestante élire un catholique : c'est un honneur qu'a eu le comte Apponyi à Csaba.

Il est personnellement aimé et admiré. Ses adversaires, ses ennemis eux-mêmes, lorsqu'ils ont

fait la critique de ses opinions, de sa conduite
politique, ajoutent que, dans la disette d'hommes
supérieurs où se trouve la Hongrie, il serait malheureux que le comte Albert Apponyi vînt à
manquer. Son intelligence est curieuse à observer.
Elle a des mouvements spontanés, qui naissent
d'une connaissance approfondie et lente de toutes
choses. Ce qui frappe dans la conversation du
comte Apponyi, c'est le contour arrêté de la
phrase, la netteté de l'expression. A chaque instant,
si l'on parle, il résume la causerie d'un mot. S'il interroge, il dresse le plan des réponses, et il s'efforce
de les faire rentrer dans le cercle qu'il a tracé.

Homme politique avant tout, il a une tenue de
caractère parfaite. Sa vie irréprochable ne se livre
pas aux malices de ses adversaires. Craint par les
uns, respecté par les autres, il préoccupe tous ceux
qu'il combat. Son grand savoir lui révèle la genèse
de chaque idée; c'est pourquoi il s'approprie les
opinions qui lui plaisent et trouve toujours le lien
qui les rattache aux siennes, fussent-elles radicales
ou conservatrices. Tantôt tribun populaire (il sut
l'être au moment des affaires de Bosnie, qu'il dé-

nonça avec un vrai courage), tantôt causeur délicat, orateur très choisi, très éloquent, il n'est jamais
avocat. Le comte Apponyi traite avec son cœur
toutes les questions qui peuvent s'élever, avec
son esprit celles qui peuvent s'éclairer ; il représente la tradition de grande et haute politique du
comte Széchenyi. Diplomate prévoyant, il a toutes
les qualités d'un homme d'État assez sûr de lui pour
se passer au besoin de popularité. De plus, il parle
plusieurs dialectes des nationalités de la Hongrie
et presque toutes les langues de l'Occident.

Ses jaloux disent méchamment ce que sa mère
disait de lui : « C'est un enfant prodige », et ils
ajoutent qu'il l'est resté. On prétend qu'il a des
idées vagues et qu'il en change ; je ne le crois pas.
C'est un libéral résolu. « Il faut, dit-il, délivrer
l'homme du capital, les minorités des majorités,
les pauvres des riches, » et il ne craint pas d'ajouter, quoiqu'il ne soit pas complet partisan des inter-
ventions de l'État, la parole de M. de Bismarck :
« Une goutte d'huile socialiste est utile pour faire
marcher les rouages de l'État. » Les ouvriers viennent à lui en se disant : « S'il ne partage pas nos

opinions, il se passionne cependant pour la défense de nos droits. »

Le socialisme aurait dû trouver ses formules et ses apôtres dans les nouvelles couches sociales, si celles-ci étaient restées peuple, et fussent devenues une aristocratie de l'intelligence; mais elles ont préféré s'enrichir, jouir, gouverner par l'autorité, devenir bourgeoises, et elles sont à tout jamais incapables d'aider à l'évolution sociale de notre temps. M. Tisza et M. Jules Ferry sont leur expression complète.

Je crains, d'une part, que l'étude des problèmes sociaux, dédaignés par les nouvelles couches sociales ne devienne le domaine des hautes classes; que d'autre part, la bourgeoisie, occupée uniquement à se défendre contre les privilèges des aristocraties et les appétits d'en bas, ne se cantonne dans ses jalousies et dans son égoïsme, ne combatte que pour les réformes qui lui sont utiles, et ne se laisse point saisir par les courants chevaleresques ou généreux qui emportent parfois les hautes classes ou les foules. Le *Chacun pour soi* resterait alors sa devise et lui serait fatal.

La politique doit se faire avec toutes les classes, mais elle se laisse, depuis un demi-siècle, diriger, dans les rapports économiques qui la dominent, par la classe bourgeoise la plus avide et la plus dure aux misérables. Le socialisme aujourd'hui n'a, j'en ai peur, nulle chance d'être accepté par cette classe, de laquelle il exigerait trop de sacrifices. Il se réfugie donc forcément dans un milieu où l'esprit de charité et de renoncement est prêché depuis des siècles ; où le remords des jouissances et de l'extrême richesse hante, pour le moins une fois l'an, le cœur des croyants ; où la bienfaisance est ordonnée chaque jour ; où la tradition morale est la pitié pour les pauvres et le respect des humbles.

En France, les partisans de la vieille royauté sont forcés d'abandonner la politique, ils n'ont plus qu'une mission sociale à remplir. C'est au peuple seul qu'ils peuvent transmettre le droit divin mort avec le roy. Les femmes du monde légitimiste catholique, dont le pouvoir occulte s'exerce sur les hautes classes, convertiront aisément, ne fût-ce que par genre, celles-ci au socialisme.

En Hongrie, où la fortune des grands seigneurs

est uniquement terrienne, où les magnats sont aimés des paysans et les aiment, un grand mouvement se fait en faveur du socialisme agraire.

La question sociale est partout posée de façon que nulle part (même en Allemagne où M. de Bismarck essaye de la résoudre par l'État) aucun peuple ne puisse échapper à ses exigences et escamoter son droit aux solutions.

LA GRANDE PROPRIÉTÉ

LES MAGNATS ET LEURS TERRES

Avant de pénétrer dans les terres hongroises, il me semble intéressant de parler des magnats et de leurs terres.

La noblesse, en Hongrie, possède une grande partie du sol et a peu perdu de son influence sur les paysans. Nous avons dit et répété que, sans y être contrainte, elle avait, en 1848, dans un généreux élan patriotique, abandonné ses privilèges et renoncé à des indemnités. La féodalité et ses abus n'ayant jamais existé en Hongrie, le paysan n'a pas contre le seigneur la haine accumulée par le servage.

Les magnats étaient, jusqu'aux rois d'Anjou, seulement des hommes libres ayant leur part de souveraineté, c'est-à-dire exerçant directement leur influence sur la couronne. Leurs droits étaient enregistrés dans un code : celui de *Verböczy*. Les rois d'Anjou donnèrent aux magnats des droits privés qui les rendirent plus soumis aux atteintes portées sur leurs droits publics. Cependant le xvii° siècle voyait encore les comtes résister, par ce qu'on appelait la révolte légale, aux entreprises de la couronne.

La noblesse ne payait point d'impôt, mais c'est elle qui rassemblait, équipait, entretenait l'armée du roi; elle accompagnait le prince lorsqu'il se rendait en personne à la guerre. L'appel royal se faisait dramatiquement : des épées sanglantes étaient envoyées par la couronne dans tout le pays. Aussitôt, la noblesse montait à cheval, levait ses troupes et partait en guerre. Les évêques, appartenant tous à la noblesse, étaient officiellement les chefs élus des petites armées enrôlées par eux-mêmes, ce qui explique la possession des grands domaines qu'ils ont reçus du pays. La dernière fois que les nobles accoururent sous cette forme à la défense de la Hongrie, ce fut contre Napoléon, en 1809.

A certaines époques de grand péril, notamment à l'époque de l'invasion turque, des villes entières s'étant soulevées pour suivre « l'épée sanglante » reçurent des lettres qui anoblissaient toute une population; c'est ainsi qu'est née la noblesse communale.

Tous les comtes magnats étaient strictement égaux. Mais les Habsbourg, continuant la tradition des rois d'Anjou, qui avaient octroyé des droits privés à la noblesse, créèrent des dignités, des charges héréditaires, des titres qui détachèrent les seigneurs de leurs pairs et firent des courtisans. Les magnats restés fidèles au mouvement national n'acceptèrent ou ne reçurent jamais aucune charge; ils demeurèrent simples comtes.

On prétend que les terres des magnats sont mal administrées et que leurs domaines pourraient produire le double de ce qu'ils en tirent. Le climat de la Hongrie est d'une variabilité qui fait de chaque moisson une véritable loterie; dans les vallées adjacentes au Danube, les récoltes sont assez régulières ; mais elles le sont beaucoup moins dans les contrées plus fertiles de la Tisza et du Bánság (Banat), dans l'ensemble des comitats de Bács, Temes et Torontal.

Les cultivateurs du Bánság comptent une bonne récolte tous les sept ans ; mais alors la valeur de la production devient supérieure à celle du terrain lui-même, surtout avec les colzas qui donnaient autrefois des rendements extraordinaires. Aujourd'hui, l'importation du pétrole fait subir au colza une grosse dépréciation.

En 1848, les récoltes ayant manqué dans toute l'Europe, et celle de la Hongrie étant magnifique, une véritable fortune se répandit sur le pays et compensa la misère causée par la révolution.

Ceux qui accusent les magnats de ne pas savoir faire rendre à leurs terres tout ce qu'elles peuvent donner, ne tiennent pas assez compte des incertitudes du climat et des causes qui anéantissent, sans choisir, des terres admirablement ou moyennement cultivées. Ainsi, dans le Bánság : en mai, pas de pluie, pas de blé. Souvent, en juin, les brouillards détruisent la moisson, trois ou quatre jours avant qu’on ne la fasse, au point que la paille elle-même ne vaut pas la peine d’être coupée. Le paysan hongrois dit : « Les hommes préparent la récolte, Dieu la fait ; pas plus que Dieu ne la prépare, les hommes ne la font. »

Beaucoup d’étrangers, et parmi eux des Américains, sont venus pour faire de l’agriculture dans la Puszta. Ils ont eu de si graves mécomptes, qu’ils y ont renoncé à cause de la variabilité du climat. Les seuls moyens de lutte contre les surprises de l’atmosphère sont le drainage et l’irrigation ; mais comme on ne peut diriger le ciel, souvent ces travaux eux-mêmes sont inutiles.

On demandait un jour à un magnat, grand propriétaire, pourquoi les fermes étaient si rares sur ses terres. « J’en avais fait construire un grand nombre, répondit-il, mais il me fallait trop de barques pour sauver mes fermiers réfugiés sur les toits, au moment des inondations. »

Il y a peu ou point de fermiers dans les domaines seigneuriaux, qui sont presque tous administrés par des employés : Tiszttartós, Kasznárs et Ispáns. Ceux-là sont des personnages ayant quelquefois de gros traitements, un grand nombre de bénéfices en nature, des chevaux, des équipages, du blé, du vin. Logés, chauffés, éclairés, ils ont une responsabilité limitée dans la perte du bétail ou dans les mauvaises récoltes. Ils jouissent du domaine bien autrement que le seigneur, et leur peine n'est pas bien grande, car ils disposent d'un nombreux personnel, et chacun d'eux n'a qu'une partie de grande propriété à faire valoir.

Les Ispáns d'un magnat obéissent à un intendant général, directeur juridique et économique, grassement payé, dont les appointements s'élèvent parfois au chiffre de douze mille francs par an. L'intendant général est fort occupé; il est tenu, non seulement de surveiller les Ispáns, mais encore d'administrer toute une bureaucratie composée de caissiers, d'employés, de contrôleurs, convenablement rétribués, bien logés, et d'entretenir une quantité énorme de domestiques des deux sexes. Il s'agit souvent d'une terre fournissant un revenu brut de 2 à 300,000 florins, et plus encore; véritables royaumes, comme le domaine du comte Csekonics, qui a 35,000 hectares d'un seul tenant.

Le grand luxe qui règne dans ces domaines en fait une charge très lourde pour le propriétaire. L'entretien des équipages, des chevaux, des meutes, dévore le bénéfice des récoltes.

Depuis 1848, la grande propriété a subi de nombreuses modifications, mais bien peu sont heureuses. L'abolition de la corvée, si favorable au paysan, a été, pour le grand seigneur et pour la noblesse en général, une source intarissable de dépenses. En même temps, la facilité des communications a donné au magnat, si amoureux du grand luxe, des goûts et des besoins nouveaux et coûteux. Aussi affirme-t-on qu'il n'y a pas, en Hongrie, douze domaines qui ne soient hypothéqués. Souvent même il y a des séquestrations de majorats.

Les usuriers ont le champ vaste, et ils l'exploitent. Aussi deviennent-ils peu à peu propriétaires de parcelles domaniales et mordent-ils à belles dents les grandes propriétés. La petite noblesse, — malgré les services qu'elle a rendus à la Hongrie, en résistant à l'influence autrichienne et en conservant intactes les traditions de la nationalité hongroise, est destinée à disparaître, car, ayant les mêmes goûts que les magnats, elle n'a pas toujours les mêmes ressources. Lorsque la récolte manque, l'impôt foncier étant très lourd, la gêne est telle dans les familles de hobereaux, qu'ils côtoient et subissent bien souvent la catastrophe.

Il s'est créé, depuis quelques années, des fortunes industrielles qui veulent lutter contre l'influence des nobles grands propriétaires. Mais la chose sera longtemps difficile. Dans ce pays agricole, le dernier mot reste toujours au grand propriétaire, et la preuve c'est que, même industriellement, chaque fois qu'une affaire se crée, quand tout est terminé, organisé, constitué, on se dit toujours : Maintenant, il nous faut un comte.

Les paysans ont pour leurs magnats un dévouement extraordinaire et une affection touchante. Je citerai deux traits entre mille qu'on m'a contés.

A Zsombolya, un propriétaire se vantait de la richesse de ses paysans. Il donnait des chiffres qui provoquaient l'incrédulité. « Je prouverai ce que j'avance », dit-il; et, faisant appeler le maire d'un petit village, il lui parla ainsi devant ses amis : « Vous me voyez malheureux, et vous ne voudrez pas me laisser dans l'embarras; il me faut 100,000 florins ce soir, apportez-les-moi. — Ce sera difficile, répondit le maire, cependant j'essayerai. » Quelques heures après, les paysans avaient trouvé l'argent.

Autre anecdote : un seigneur fut condamné, en 1849, par Haynau, à payer 300,000 florins. Il fallait engager les terres, en vendre une partie, car le tyran n'accordait qu'un délai de huit jours pour verser la somme, faute de quoi le domaine était confisqué. Un paysan se présente à l'intendant : « Je viens pour aider notre comte à payer la somme, » dit le paysan. L'intendant sourit. « Ce n'est pas la peine, répond-il, d'apporter une goutte d'eau à la mer; je le remercie. — Mais, ajoute le paysan, je dispose de 120,000 florins sur moi, et j'aurai les 180,000 autres dans huit jours; le maître me les rendra quand il pourra. »

LA PUSZTA

Avant de quitter Pest, pour un voyage de quelques jours dans la Puszta, je passai, au banquet qui me fut offert par les écrivains et artistes hongrois, l'une des plus émouvantes soirées de mon séjour en Hongrie.

De l'opéra, par les couloirs du théâtre, j'allai au club, où le banquet avait lieu. Des étoffes aux couleurs nationales étaient drapées et tendues avec tant de goût, que j'arrêtais à chaque instant mon cavalier, l'aimable baron Podmaniczky, pour lui faire remarquer la décoration des escaliers du club. Dans les salons, les couleurs françaises et hongroises étaient mariées. Les Tziganes jetaient au milieu des *Eljen:* « Qu'elle vive! » les notes ardentes de la *Marseillaise.* A ce moment, j'eus une vision singulière : je crus entendre le canon saluer les couleurs sur un bâtiment de notre flotte. Il me sembla que j'étais matelot et que je hissais notre pavillon dans un port étranger. Je me regardai. Étais-je en tenue? Oui, j'aurais souffert de ne l'être point, moi Française, devant les artistes et les écrivains hongrois.

Dépeindre l'accueil qu'un Français peut recevoir à ce club de Budapest, est impossible. Ces visages souriants qui attirent, ces yeux émus qui vous enveloppent, ces mains loyales qui se tendent, ce beau cri sonore qui semble un souffle de l'âme, à la fois un applaudissement et un souhait, tout cela cause une émotion que jamais on n'oublie.

La réception commençait par un concert. Mme Blaha « ravit nos sens charmés », selon l'expression du baron Podmaniczky, lequel parle avec un ton demi-plaisant le langage choisi de nos pères. Nous entendons la voix magnifique de M. Odry; MM. Sipos et Szabados, au piano, jouent, en nous donnant l'illusion d'un grand orchestre, l'ouverture de l'opéra *Hunyadi*. On récite, à mon intention, des vers français, très français, et, surprise délicate, on lit et on goûte un fragment de *Galatée*.

A table, les toasts se succèdent, se répondent, s'échangent et s'adressent tour à tour à la France, à la presse française, à la presse hongroise, aux arts, aux lettres des deux pays, à moi. Et qui porte ces toasts? MM. Borostyányi, de Harkányi, de Pázmándy, Bernhard, mon précieux secrétaire, correspondant parisien de la *Gazette de Hongrie*, qui se retrouve là au milieu de ses nombreux amis.

M. le comte de Laugiers Villars, consul de France à Budapest, assiste au banquet; il y fait preuve d'un tact merveilleux; en diplomate quelque peu rusé, il sait garer son caractère officiel de mon indépendance, et bénéficier pour son gouvernement des trouées que je fais dans les sympathies hongroises. M. le comte de Laugiers Villars, n'importe où je le rencontre, représente fièrement la France, et il sait parler en son nom. Puis, dans un pays où il faut toujours un comte, c'est un comte!

Après le banquet, le bal. Je vais donc voir enfin danser le *csárdás*. J'en ai l'impatience. Dès les premières mesures, au premier tour des danseurs, à un certain battement de mes tempes que la valse me donne, je sens que je vais aimer passionnément cette danse étrange. Il y a des variations infinies dans les pas, dans les figures du *csárdás* ; seul un rythme pressé ramène toutes les allures particulières à un mouvement d'ensemble. Le piétinement du *csárdás* rappelle le bruit d'un régiment de hussards en marche. Les couples sont très près des Tziganes, le plus près possible. On va et vient, on balance sur un petit espace : le cavalier, face à face avec sa danseuse, ne la quitte que pour tourner autour d'elle. Souvent il élève les bras, comme un oiseau de proie ouvre les ailes, et il plane jusqu'au moment où il saisit la douce colombe. Parfois il se penche et semble regarder si quelqu'un ne vient pas lui ravir sa conquête. Parfois aussi il salue un être imaginaire, comme pour le remercier d'une faveur, et il prend aussitôt à deux mains, les bras tendus, la taille de sa captive. Aux coquetteries des danseuses, qui s'éloignent ou se rapprochent, les cavaliers répondent par des battements, des passe-pieds toujours imprévus.

Un *csárdás* dure quelquefois deux heures, sans que danseurs ou tziganes s'arrêtent. Les spectateurs eux-mêmes, enivrés, accompagnent le *csárdás* avec des cris sauvages, qu'on a envie de répéter et qui rendent fous.

— Si nous essayions? me demande le baron Podmaniczky.

— Comment voulez-vous que je sache danser le *csárdás?*

Il se balance devant moi, j'écoute le rythme endiablé ; les cris redoublent : je valse, et l'on croit que je danse le *csárdás!*

Dès le matin, nous quittons Pest, MM. de Hieronymi, Helfy, de Tolnay, de Pázmándy, Bernhard et moi. Nous trouverons M. de Horváth à Mezöhegyes.

La plaine verdissante est si grande qu'elle se perd dans les courbes de l'horizon. Le ciel penché embrasse la terre. J'éprouve là, comme en Russie, des impressions extraordinaires : l'espace plat me donne une sorte de vertige de l'étendue. Je voudrais courir à cheval, aller devant moi durant des jours et des nuits, sans rencontrer d'obstacles que les fleuves, les rivières qu'on peut traverser à la nage, ne m'arrêter que par la lassitude d'un cheval qui peut faire une étape de soixante-dix kilomètres et recommencer le lendemain. L'ivresse de l'espace, d'une indépendance sauvage, d'une liberté sans limites, c'est la fièvre de la Puszta.

Voici la Tisza, violente, fatale, dramatique, dont les inondations noient des villes entières. Ses eaux sont épaisses, lourdes, toujours prêtes à se gonfler, à grossir pour peser sur ses digues et les rompre. Je vois partout des saules ; leurs premières feuilles à peine teintées donnent une grande mélancolie au paysage. Les saules sont les victimes de la Tisza lorsqu'elle se déchaîne. Les doux arbres ne peuvent briser ses lames énormes. Ils sont là, comme une troupe sacrifiée à l'avance pour occuper l'ennemi un instant.

Autrefois, il y avait peu d'arbres dans la Puszta. Aujourd'hui, de longues lignes d'acacias coupent l'immense paysage. En quinze ans, ces acacias, seuls arbres de la plaine avec les saules, peuvent faire des poutres de maisons et servir à tous les

usages qu'exigent les travaux des champs. On rencontre çà et là quelques bois de chênes, et les
fermes ont, comme les villages, leurs jardins fruitiers.

Nous avons dépassé Koebánya, où se trouvent
des étables, qui, réunies, peuvent contenir cent mille
porcs. Ils sont là, venus de toutes parts, de tous
les coins de la Hongrie, des provinces danubiennes,
pour être engraissés. Le mouvement de ces porcs
est d'environ sept cent mille par an, qu'on expédie
sur Dresde, Prague, Berlin, Breslau, Vienne,
Magdebourg.

Des paysans à cheval, montés à poil nu, traversent les routes au galop, vêtus de leurs manteaux,
szürs, qui flottent soulevés par le vent. Les *szürs*
sont blancs, brodés en tresse de laine de diverses
couleurs. D'autres paysans sont à pied, avec leurs
bottes hautes; leurs jupes et leurs larges manches
blanches se détachent sur la terre brune des routes.

Dans les villages, les clochers des églises catholiques sont surmontés d'une croix, les tem-
ples protestants ont le coq gaulois, importé par
la doctrine de **Calvin**. De quelque côté qu'on re-

garde, on n'aperçoit pas une pierre. Quand un gamin revient de l'école, s'il en trouve une, disent les plaisants, il la ramasse et la rapporte à la maison.

Il y a des distilleries en grand nombre; le profit n'est pas dans le gain du produit distillé, mais dans les résidus qui servent à l'engraissement des bestiaux.

Moi, qui suis paysanne, il me semble, par un mirage, voir la moisson là où le blé est en herbe. Il pousse à mes yeux, il grandit, monte, se moire et ondule sous la brise. Vert encore tout à l'heure, il jaunit. Je me grise du parfum des blés en fleur. Les rayons brûlants du soleil se répandent sur la plaine qu'ils dorent tout entière. J'entends le bruit mystérieux des épis s'entre-choquant sur place avec le rythme du *csárdás*. Les coquelicots, les bluets, ajoutent la grâce et la beauté à l'opulence des blés mûrs. C'est juin et la moisson dans la Puszta. Ici mûrissent les premières gerbes; Cérès y cueille sa première couronne.

Aucun blé n'arrive avant le blé de Hongrie sur les marchés européens. La Roumanie, qui produit en même temps, n'a pas les mêmes facilités de transport. Quand la Hongrie a gardé sa provision de consommation, elle apporte encore le dixième de la production sur les autres marchés.

Les Slaves des Karpathes, gens chez qui la terre est maigre, viennent par bandes au moment des récoltes s'offrir dans les domaines seigneuriaux. Ils gagnent jusqu'à huit francs par jour pendant la moisson. Les blés coupés, ils sont payés en nature : on place les gerbes en faisceaux sur dix rangs, le moissonneur à chaque faisceau choisit une gerbe, tantôt la plus belle et tantôt la plus mince.

L'importation des machines agricoles augmente sans cesse. Dans la plaine, on peut tout cultiver avec la machine. Depuis quinze ans seulement la Hongrie commence à fabriquer elle-même ; ses premiers essais sont supérieurs aux produits anglais. Elle construit en moyenne 60 machines, et l'Angleterre en importe 600 chaque année. Bientôt elle se libérera de ce servage industriel.

Je vois un réseau de monticules : ils servaient aux Huns pour faire des signaux.

Entre l'accord de deux trains nous avons une

heure. Je visite Csaba, village de 30,000 habitants. Il pleut, la boue est un fleuve. Paysans et paysannes ont des bottes; j'en comprends toute l'utilité. Le paysan hongrois n'a pas l'horreur de la boue. Ne vient-elle pas de la pluie qui fait pousser le blé, l'orge et le seigle?

A Csaba on ne voit que de très belles maisons ou des chaumières, point de milieu. D'immenses toits en forme de champignon, couverts comme nos toits de chaume, — on me dit qu'ils sont couverts de joncs, — donnent un grand caractère à la bourgade; ils sont fleuris comme un jardin. Ces toits abritent les hautes meules des anciens moulins qui tournaient avec des chevaux. Il semble qu'on va voir, sur les murs bas, dans l'ombre mystérieuse de l'abri, des femmes voilées se pencher, curieuses. Le tableau est oriental. Aujourd'hui, les vieux moulins sont abandonnés, il y a des moulins à vapeur. Dans les fermes seulement on conserve encore les moulins à vent.

Mon cicerone est le médecin du village, homme très aimable et Hongrois très passionné. Csaba est en partie habitée par des Slovaques : « Vous n'ima-

ginez pas comme ces Slovaques se magyarisent
avec bonheur, me dit le médecin; ils répètent
sans cesse : « Nous sommes Hongrois! » Je veux
bien le croire.

Nous reprenons le train, et, de nouveau, nous
dévorons la plaine.

Les fermes sont partout entourées de meules
nombreuses qui donnent à chacune, avec ses bâtiments groupés, l'apparence d'un grand hameau.
Les aspects répétés des choses ont un charme pé-
nétrant, comme un air entendu cent fois ou une
parole tendre redite. La plaine se déroule, semblable à elle-même, avec sa beauté noble et ses lignes
harmonieuses. La lumière a, dans ces espaces
tranquilles, des changements, des brusqueries, des
surprises, qui ravissent à chaque instant les yeux.
La fée Morgane, avec ses mirages, règne dans la
Puszta. Tantôt il semble qu'on aperçoive de grandes étendues d'eau sur lesquelles deux soleils répandent leurs rayons, tantôt ce sont des villes
immenses qui apparaissent.

L'ombre se déplace à mesure qu'on la poursuit.
Les premiers plans du paysage sont toujours d'un

gris argenté, tandis que les lointains sont verts, et que l'extrême horizon est très noir.

Je songe à Petoefi. La Puszta lui appartient. Il l'a merveilleusement chantée. Des beaux vers me reviennent en mémoire :

C'est toi que j'aime, ô Puszta, — Image de l'infini, — Paradis de mon âme. — La haute terre, arrondie en montagne, est un gros livre aux feuillets trop nombreux. — Toi, basse terre, où nul mont ne s'élève, — livre ouvert, on te peut parcourir, — ô steppe, en toi je vois la liberté!

Petoefi déteste les montagnes « ces colosses couronnés de neige qui escaladent le ciel ». Il admet qu'on se plaise à voir « les douces collines où croît la vigne », mais pour lui « la plaine seule est belle où mûrit le blé ».

Sur les bords de la Tisza, seulement, — se trouvent la paix de l'âme, — l'horizon sans bornes — d'où l'on ne voit que la voûte du ciel.

Là peuvent passer le poète, — et sa vie errante,—sauvage, à travers le pays, — ayant le ciel pour toit et la source pour verre.

C'est dans la Puszta que Peteofi trouva ses meilleures inspirations.

Peut-on défendre à la fleur de fleurir, — au printemps
de la faire éclore? Peut-on défendre à la vierge d'aimer,
— à l'amour de s'épanouir?

Aux hommes de la ville, — qu'importe le coucher du
soleil? — On n'en voit la beauté — que là-bas, au village.

Les chèvres et les bœufs — errent dans la prairie, — et
leurs pieds lourds s'enfoncent — dans l'herbe et la rosée.

La vieille terre folâtre avec le jeune soleil; — oh! dans
leurs joyeux ébats, qu'ils échangent de caresses!

Il semble, en effet, que les rayons du soleil
enveloppent la terre avec plus d'amour dans la
grande plaine. Aucun ne se perd ou ne se brise;
tous, du lever au coucher, glissent d'en haut sur
l'immense étendue, s'y répandent sans trouver
d'obstacles.

M. Helfy, l'ami de Kossuth, nous quitte pour
assister le soir à une réunion de 5,000 électeurs.
La ville d'Arad, où va M. Helfy, et dont il me parle,
m'intéresse. Elle a des marchés, une richesse, une
importance, qui ont triplé en quelques années. La
ville grandissante a plusieurs fois manifesté ses
sympathies pour la France. J'ai reçu, depuis mon
arrivée en Hongrie, plusieurs lettres d'Arad, une,
entre autres, où je lis : « Deux nations sont

comme deux personnes, que la similitude de leur caractère peut seule lier intimement. Aussi, malgré l'éloignement géographique, la Hongrie s'est toujours sentie rapprochée de la France, tandis que l'intérêt commun, la raison, le bon sens, la même position sociale, ne nous feront jamais aimer l'Allemagne. Les caractères français et hongrois se ressemblent, j'en ai la preuve dans le cœur. On me dit : C'est une opinion personnelle ; eh quoi ! puis-je juger avec l'opinion d'une autre personne ? Si chaque Hongrois pense comme moi, c'est une preuve. »

Nous sommes à Mezöhegyes, et nous quittons le chemin de fer pour quelques jours. Nous allons pénétrer plus avant encore dans les terres, vivre de la vie de la Puszta, aller sans rencontrer autre chose que la nappe infinie des blés verts sous le ciel. Mezöhegyes est un haras de l'État, grand comme une ville, puisque ses habitants sont au nombre de 4,000. On y élève toutes les races de bestiaux, mais le cheval y tient la première place : véritable aristocratie dans ce grand peuple d'animaux, avec ses élégances, sa généalogie. Les pur sang y sont magnifiques, fiers de leurs admirables

formes si diverses, de leurs belles robes, de leurs
jambes fines et de leur grand nom. La variété des
chevaux de trait, de selle, des chevaux de guerre,
de labour, est infinie. La visite aux pouliches et aux
poulains dans les écuries m'amuse. Ils sont libres,
sans attaches d'aucune sorte, et ils entourent cu-
rieusement le visiteur. Si on leur ouvre les cours,
ils s'y précipitent, non comme des poulains échappés, puisque l'image est prise, mais comme des
écoliers en récréation. Chaque écurie possède un
âne, le bouffon de la troupe, triste quand il ne brait
pas, comique quand il donne de la voix.

Les étalons sont distribués dans les provinces
pour servir aux cultivateurs et garder jalousement
la belle race hongroise.

On compte à Mezöhegyes environ 2,000 chevaux, et l'on y exploite 20,000 hectares.

La vie y est celle d'une caserne ou d'un fort. Un
colonel, M. Ehrenberger, gouverne et commande.
Les lits sont des lits de camp; les portes ont des
fermetures de prison. En revanche, l'hospitalité est
souriante, large, vraiment hongroise.

A table, tout provoque mes questions et ma curiosité. J'assiste, pour la première fois, à un repas hongrois, non francisé. Mme Ehrenberger est au bout de la table, son mari occupe la dernière place ; notre menu se compose de macaroni à la crème, de « plat du bouvier », sorte de haricot de mouton fait avec du bœuf ; nous mangeons des fruits en compotes avec le rôti et la salade. Ma fourchette a quatre dents et un manche d'ivoire. Je vois l'un des hôtes prendre à poignée cette fourchette pour découper sa viande. Durant tout le repas, on boit au maître et à la maîtresse de la maison, les toasts n'attendent pas le dessert. Au moment où l'on se lève de table, le colonel vient embrasser sa femme, et, si nous n'étions pas des étrangers, nous nous embrasserions tous ainsi les uns les autres. Il est d'usage de complimenter son hôtesse sur le dîner qu'elle vous a offert. On lui baise la main.

Le baisemain est ici partout en usage. Les enfants baisent la main de leurs parents, les inférieurs celle de leurs maîtres ou de leurs supérieurs. Les hommes du monde posent leurs lèvres sur les doigts des dames. Lorsque le curé catholique passe dans la rue, il est assailli par les enfants, qui lui baisent la main, tiennent à lui donner cette marque de vénération.

La bonne grâce, la gaieté, la cordialité règnent, à la façon française, dans les familles hongroises. La femme, comme ménagère, y a une grande importance, le nombre des domestiques étant considérable dans chaque maison. La cuisine hongroise est beaucoup plus compliquée que la cuisine française; elle exige de longues préparations. Les pâtes et les gâteaux sont faits par la cuisinière, qui n'a pas trop de la matinée pour les apprêts du dîner. Le pain est pétri à la maison. Où, en France, une domestique suffit, il en faut trois ou quatre. Jamais les cuisinières, fussent-elles de quatrième ordre, ne consentent à faire les chambres ou à aller chercher l'eau. La fierté nationale aidant, les rapports entre maîtres et serviteurs sont fort courtois. A la moindre exigence, les domestiques demandent leur compte, certains de trouver chez leurs parents l'aisance qu'ont tous les petits propriétaires.

On dîne, en général, à midi et demi. A la collation du soir, se servent du café au lait, des gâteaux, des confitures. Point de vin. Dans les grandes maisons, souvent, on n'offre du vin qu'après le repas ou sur la fin. Toujours le café noir est accompagné d'un verre d'eau, et l'on ne boit des liqueurs qu'avec le thé. En Hongrie, on adore le sucre ; il est vrai qu'on y aime aussi le vinaigre ; ainsi, dans la salade, ils sont mêlés. La graine de pavots et les noix entrent dans la confection des tourtes, le safran s'emploie aussi ; mais l'assaisonnement par excellence est le *paprika,* — poivre rouge. — Le raifort remplace la moutarde. Le cerfeuil et le cresson ne trouvent pas grâce dans la cuisine hongroise ; seul le persil est accepté. Les gâteaux et les plats sucrés sont fort goûtés durant tout le repas, mais les melons se mangent au dessert. On apprécie peu le mouton, et, en province, les gigots et les côtelettes sont souvent introuvables. Le lapin de garenne n'existe pas, et personne ne mange de lapins privés.

Pour préparer le lecteur à mes hardiesses, avant d'évoquer Homère, je redirai les vers de Petœfi sur « la fête du cochon » :

« Attention, oreilles, et vous langue, silence ; — sur un sujet très important j'élève la voix. »

Ils sont superbes, les grands porcs, laineux et gris, qu'on rencontre par troupeaux à Mezöhegyes. Ceux qu'on voit autour des fermes, sur la terre noire, sont tous noirs; ils semblent nés du sol et ont, pour l'étranger, un je ne sais quoi de diabolique, d'inquiétant.

Les porchers de Mezöhegyes me rappellent la grande dignité d'Eumée. Vêtus de manteaux blancs, chaussés de hautes bottes, ils ont à la main de longs bâtons qui ressemblent à la fois aux aiguillons des bouviers et à la houlette des bergers.

L'un d'eux, sur la route, se détache et vient à nous. C'est le serviteur d'Ulysse en personne. « Auprès d'Eumée étaient deux chiens semblables à des bêtes fauves, qu'avait élevés le porcher lui-même. » Il s'approche, appuyé sur son grand bâton; il marche grave et lent à la façon antique. Posant la main droite sur l'un des chevaux, il me souhaite « la bienvenue en Hongrie et un bon retour dans la belle France ». Je le remercie en faisant des vœux pour son troupeau. Il s'incline, me rend grâce, et répond : « Vos vœux seront exaucés, honorable dame, avec l'aide de Dieu, car l'étranger qui aime le pays qu'il visite lui porte bonheur. » Cette fois je suis à Ithaque. Eumée eût-il parlé autrement?

La race des vaches est extraordinaire. Elle me rappelle les taureaux des steppes russes et les buffles des plaines de Pæstum. Elles sont grises avec de grandes cornes recourbées ; leurs queues touchent le sol. Les taureaux ont le collet noir et des airs de conspirateurs. La peau des vaches est d'un gris rosé, et leurs oreilles sont si roses qu'on les croirait transparentes. Jolie bête, qui se dessine bien sur la terre noire ou dans la verdure des prés. Avec cette race améliorée on fait les bœufs gris, si beaux au labour, et qui donnent un grand caractère au paysage.

Mais qu'est-ce donc que j'entends? C'est un bruit d'élément : ou la mer, ou le vent, ou l'orage, car ce bruit souffle, gronde et tonne. Un spectacle inoubliable s'offre à mes yeux. Mon cœur bat et mon âme s'excite. Je crois voir le Hun, tel qu'il apparut en Europe, flot irrésistible, renversant tous les obstacles et passant où son cheval a passé.

Plusieurs centaines de chevaux sortent des

écuries et courent en liberté. Pas plus qu'on n'arrête l'ouragan, il semble que rien ne pourra retenir cette puissance déchaînée. La troupe se lance au galop dans la plaine. Jusqu'où ira-t-elle? Si l'avalanche revenait sur nous, quelle force lui résisterait? Les chevaux se dressent, sautent, se traversent, se livrent à toute leur folie; cependant ils restent massés. Les *csikós*, gardiens à cheval, galopent sur leurs flancs.

Jamais ils ne montent sur des chevaux de la couleur du troupeau qu'ils gardent. Sauf la différence de l'étoffe, leur costume a la forme de celui des paysans hongrois : ils sont vêtus de jupes bleues, qui descendent jusqu'à mi-jambe, et chaussés de bottes. Ils ont un gilet rouge, les larges manches blanches, la toque rouge. Cavaliers extraordinaires auxquels, seuls, les gauchos des Pampas peuvent se comparer. Lorsqu'ils tracent des cercles autour de leur tête, avec leurs fouets aux manches courts et aux longues tresses de cordes terminées par une frange de soie ou de lin, un bruit strident éclate et déchire l'air. Si un cheval s'échappe, fait un acte quelconque d'indiscipline, deux *csikós* se détachent, et, quelle que soit la vitesse du coupable, il est à l'instant poursuivi, cerné, garrotté, dompté ; quelquefois un simple sifflement suffit. Il fait beau voir le geste élégant et haut du bras droit, avec lequel un *csikós* déploie sa longe de corde pour la lancer sur le cheval qu'il veut saisir au milieu des autres ou ramener vers le troupeau.

C'est encore le fouet qui sert de signal pour masser les chevaux, pour les répandre, pour les mettre au pas, les lancer au trot, au galop, les faire tourner ici, arrêter là. Quelques coups sonores, et ces fous comprennent, obéissent.

Le bruit émouvant du troupeau en marche place l'esprit sous l'influence directe de la nature, en même temps qu'il évoque et accompagne dans le souvenir l'éternel chant des actions héroïques des hommes.

La silhouette de l'innombrable troupe est fantastique. Ces centaines de jambes soulevées, à travers lesquelles on voit la prairie verte, le profil de ces formes allongées ou raccourcies, tantôt de face et tantôt de front, l'élégance et la beauté des

masses, communiquent une ivresse physique, une
sorte d'entraînement avec lequel il serait facile de
courir à une action d'éclat. On retrouve l'émotion
des premiers âges, on devine les causes de ces mi-
grations des peuples guerriers et pasteurs à la recherche des grandes plaines, des grands espaces où
s'élève le cheval, culture noble qui fait les nations
hardies et braves.

Pour un peuple qui a de beaux et bons chevaux,
les routes ont moins d'importance : le sol mou,
sans pierres, voilà le premier point. En Basse-Hon-
grie, les routes sont prises à même les champs ; rien
ne les désigne, qu'un fossé de chaque côté, destiné
à les assainir. Ces chemins ont souvent vingt mètres
de large. Chaque fois qu'une voie est trop creusée,
on la quitte et l'on en prend une autre à côté. La
réparation de la mauvaise est bien simple : on
gratte autour des ornières, on les remplit de terre,
et l'on attend que les racines du chiendent aient,
pour ainsi dire, reprisé le sol troué.

Dans la Puszta où l'on ne rencontre presque
jamais personne, où les fermes sont à la fois
si éloignées de la route et les unes des autres,

cependant les conducteurs, les cochers, suivent scrupuleusement le chemin tracé jusqu'à ce qu'il soit impraticable. Il y a, en Hongrie, de la loyauté jusque dans les plus petits détails.

Pas un seul chef d'exploitation ou petit propriétaire, se rendant au marché, qui n'ait deux chevaux au moins, attelés de front à de petits chars, dont toute l'étendue est recouverte d'un panier d'osier très propre. Cela ne ressemble en rien aux lourds chariots français. Ces chars à quatre roues, étroits, non suspendus, rappellent les chars italiens; peut-être sont-ils venus par Rome en Hongrie. Sur les routes molles, défoncées, une voiture attelée à deux ou quatre chevaux va tout aussi vite que les nôtres sur les plus belles routes. Les cochers hongrois sont aussi merveilleux que les cavaliers.

A propos des routes hongroises, je citerai l'une de ces anecdotes qui peignent d'un trait les pays qu'on visite.

Certain soir, un préfet et un propriétaire se donnent rendez-vous pour le lendemain au chef-lieu, où ils doivent assister à une réunion municipale. Le propriétaire arrive le premier. « Comment as-tu fait, par quelle route es-tu venu? demande le préfet. — Je me garderai bien de te le dire ; si tu connaissais ma route, tu la ferais réparer et elle deviendrait mauvaise. »

La plaine infinie s'étend, toujours plus lointaine, à mesure qu'on s'y enfonce davantage. Par les temps couverts, l'horizon s'enveloppe d'un voile de brume blanche, et, à chaque brin de blé vert s'accroche une perle de rosée. Même sans soleil, la lumière brille sur ces gouttes, comme les feux du diamant dans l'ombre. Les acacias, en longues allées, bordent les routes et rougissent sous la sève. Dans la brume et au fond de l'horizon, ces lignes aident aux mirages et ressemblent à des collines ; les monticules des Huns prennent des proportions extraordinaires. Autour des fermes rôdent les porcs noirs. Le grand puits à bascule, avec sa longue perche noircie, trace dans l'air un point d'exclamation bizarre. Au milieu de cette nudité plate de l'horizon, ce signe mystérieux impressionne l'esprit.

L'un des enivrements de la plaine, c'est la quantité d'alouettes qui s'y trouvent. On peut se faire une idée de l'effet que produisent ces milliers de voix dans le blé. Si tout à coup un rayon de soleil apparaît, les alouettes se détachent de la terre, pareilles à un filet aux mailles vivantes qui monte vers le soleil pour le saisir et l'enlacer. C'est l'alouette qui chante la chanson de la plaine ; avec elle, on se grise de lumière, on redit l'hymne à la terre, au soleil, on prend l'amour, la fièvre de la Puszta.

Voici enfin un village, Orosháza. Les maisons s'écartent un peu de la route et sont protégées de la boue par des palissades de bois peintes en gris clair avec des pointes roses. Partout, je vois aux maisons des doubles fenêtres, dont le double châssis se remplace, en été, par des persiennes. En hiver, l'intervalle forme une serre remplie de jacinthes, de géraniums en fleurs. La tablette de ces fenêtres, où s'accoudent les femmes, est toujours garnie de coussins élégants et de fleurs. On ne peut voir des habitations plus gaies, plus pimpantes, plus fraîches, plus blanches ou plus dorées, selon qu'elles sont blanchies à la chaux ou badigeonnées à l'ocre. Une plinthe gros bleu forme les soubassements.

En Hongrie, d'ailleurs, règne partout une minu-
tieuse propreté. Chez les paysans, les bâtiments
d'exploitation, les cours sont tenus avec un grand
soin. Nulle part, d'eau croupissante ou de purin ;
chez les bourgeois, des galeries intérieures, donnant sur de petits jardins, permettent de se prome-
ner à couvert pendant la pluie.

Il est d'usage de calandrer le linge. Un appareil
spécial, chargé de grosses pierres, est installé sous
la grande porte. Sous cette grande porte, on place,
en été, des sièges et l'on s'y installe pour respirer
un air plus frais. Presque partout, le visiteur pénètre dans les maisons par la cuisine ; au centre, est
un immense fourneau en maçonnerie. Le nombre
des pièces varie selon l'aisance du propriétaire.
Aux angles de chaque pièce, un grand poêle de
faïence verte ou blanche, à l'aspect monumen-
tal, donne une chaleur douce ; l'ouverture de ce
poêle est dans la cuisine, dans les couloirs, ou dans
la galerie extérieure ; ainsi, point de fumée où
l'on habite ; les domestiques entretiennent le
feu du dehors et ne dérangent point les maîtres.
On chauffe avec de la tourbe, du charbon, de la

paille, et même du bois dans les maisons riches.

Les murs intérieurs des chambres sont ornés de cartons peints à la détrempe ou à l'huile, avec des dessins analogues à nos papiers français. Le meuble caractéristique hongrois est le canapé, de dimensions énormes, avec un tiroir dans lequel on place des matelas, des couvertures. Le meuble s'ouvre et sert de lit au besoin. Les lits sont faits pour une seule personne et sans rideaux ; ils ont beaucoup d'oreillers, très élégants, au moins trois. En hiver, on se couche avec un long et large édredon, qui disparaît en été pour faire place à un couvre-pieds sous lequel un drap bien tendu se fixe par des boutons. On ne borde pas les lits. La toilette est un lavabo dont le couvercle se rabat.

Au milieu de la pièce, il y a une table recouverte d'un tapis, que des sièges entourent. Une glace, quelques tableaux, parfois une commode, des armoires basses, un porte-manteau mobile, une petite psyché portative, tel est l'aspect des chambres qu'on rencontre partout en Hongrie. Les cheminées étant très rares, la pendule, en forme d'horloge, est accrochée au mur.

Les petits propriétaires peu aisés n'ont point de salon, et même chez les riches, dans cette pièce, il y a quelquefois des lits et des armoires; mais alors, une disposition particulière, qu'on rencontre dans les salons de l'aristocratie, divise la pièce en coins dont chacun a son canapé, ses poufs, ses sièges d'un style différent. Il n'est pas de maison hongroise, même chez les marchands et chez les artisans, qui n'ait son piano à queue, le piano droit étant plus rare.

Tout paysan propriétaire a sa maison dans un grand village et sa maison des champs, où il s'installe au printemps.

J'interroge mes amis, tandis que nous déjeunons à Orosháza, sur les coutumes du mariage. J'apprends que, dans ce pays, lorsqu'un jeune homme veut épouser une jeune fille, il va, le soir, chez les parents de celle qu'il a choisie. Il parle de toutes sortes de choses, sans dire un mot de ce qui l'amène; mais, en partant, il oublie son manteau. Dès le matin, le cœur ému, il revient près de la maison de sa bien-aimée. Si le manteau est dehors, sous la galerie, c'est qu'il est refusé. Il le prend alors, désespéré, et l'emporte. Le manteau est-il gardé? il entre, il est accepté. De là le proverbe hongrois : « On a mis dehors son manteau. »

Longeant les maisons, est une chaussée de briques surélevée au-dessus de la route, trottoir nécessaire dans un pays où la boue se liquéfie, n'étant jamais mêlée à la pierre. On ne peut s'imaginer la dignité de la démarche des paysans ; le peuple hongrois est distingué, il a grand air. Ce qu'on appelle la vulgarité, le commun, n'existe pas en Hongrie. La fierté chez l'homme, la grâce, la vivacité chez la jeune femme, la noblesse chez les vieillards, tels sont les caractères de la race magyare. Dédaigneux des servilités du commerce, n'admettant que les travaux de l'agriculture, les paysans ont une grande aisance de manières. Fût-ce à la table de la cour, rien ne les étonne. Ils se disent, lorsqu'on les invite, qu'apparemment on y trouve plaisir. Les paysannes ont parfois des façons de grandes dames costumées. Tous admirent la poésie et l'inspirent. Petoeli, Arany, Tompa, étaient fils de pauvres paysans.

Voyager à pied, porter un paquet, si léger qu'il

soit, est contraire aux principes d'un Hongrois.
Les femmes ont un orgueil plus grand encore que
leurs maris. Si les bourgeois et les petits propriétaires se contentent du simple titre de monsieur,
un grand nombre de bourgeoises exigent celui de :
Votre Grandeur, et se blessent si on oublie de le
leur donner. La femme du peuple est appelée
madame ; celle d'un rang plus élevé : honorable
dame. Point de misère mendiante parmi les Hongrois. S'ils sont malheureux, ils entrent dans une
maison, où rarement on leur refuse. Cela arrive-
t-il par hasard ? ils se plaignent de ce refus à la
maison suivante, et reçoivent le double.

Lorsqu'un Hongrois sent qu'il ne peut arriver à
se tirer d'affaire il émigre en Amérique ou ailleurs plutôt que de se plier à des travaux qu'il
trouve dégradants. Il se suicide aisément pour des
revers de fortune.

Nous passons devant la terre du comte Károlyi.
Cinquante bœufs labourent de front ; on ne peut
voir un plus grand spectacle. La poésie pastorale
domine toutes les autres. En Hongrie les labours
se font presque entièrement avec des bœufs. Ces

animaux sont employés aussi pour les charrois. Le Hongrois respecte son cheval autant qu'il se respecte lui-même. Il y a dans le pays quelques buffles.

Les paysans hongrois, comme tous les paysans, ont le progrès en médiocre admiration. Le grand comte Széchenyi racontait souvent qu'un jour il eut l'idée de réunir ses paysans et de leur faire une conférence. Il parla des conquêtes de l'extrême civilisation, de l'utilité des grandes découvertes de la science, des avantages que les hommes recueillent dans une société où domine la passion du progrès. A la fin du discours, un paysan se leva, et résumant l'impression générale : « Pauvres gens, dit-il, comme ils doivent être malheureux ! »

AU CŒUR DE LA PATRIE HONGROISE

SZENTES

Cette longue journée, passée dans la Puszta, au galop de nos chevaux, sans rencontrer autre chose que des fermes, des villages, des paysans sur leurs chars, me faisait revivre les temps disparus. Les souffles du ciel et de la terre chassaient de mon esprit les faux jugements, les passions personnelles auxquelles n'échappent point, dans les villes, les esprits les plus soucieux de droiture et les plus désintéressés.

Toute cette nature si simple et si noble m'adressait le salut de Nausicaa : « Étranger, quand tu seras rentré dans la patrie, souviens-toi de moi. »

Quoique je fusse vêtue, et même enveloppée d'une *bunda* (1), j'apparus cependant aux délégués de Szentes, comme Ulysse apparut à la fille d'Alcinoüs dans l'île des Phéaciens, couverte de boue.

A l'entrée de Szentes, le préfet élu, accompagné d'une députation, nous attendait depuis longtemps, mes amis et moi. Ils étaient venus dans des voitures ornées de drapeaux français et hongrois, mais ils désespéraient de notre arrivée par un semblable temps.

Dès les premières paroles qui me furent adressées, je sentis dominer le chagrin de me voir dans l'Alföld par cette pluie, lorsqu'on m'y aurait voulue par le soleil doré, quand les blés mûrs et les fleurs couvrent la Puszta.

L'émotion d'un voyage fait à l'antique, l'accueil que je recevais, ces beaux visages nobles un peu attristés, ma nature de paysanne aidant, j'oubliais que je fusse une femme amoureuse d'élégance, et au regret exprimé sur la boue dont j'étais couverte,

(1) Grande pelisse doublée de fourrure qui enveloppe des pieds à la tête, comme les pelisses russes.

sur le mauvais état des routes, je répondis : « De la boue, je n'en ai pas vu dans l'Alföld. En traversant les routes noires, creusées comme des sillons, il m'a semblé que je labourais votre terre. »

Ce mot suffit pour sceller à l'instant le pacte amical que les délégués de Szentes et moi nous devions tôt ou tard conclure.

Je crus pénétrer dans l'île des Phéaciens, île bénie où le vieil Homère a rassemblé toutes les vertus publiques et privées, et où il reçut la plus grande somme d'hospitalité qu'un étranger puisse recevoir.

La nouvelle de mon arrivée à Szentes n'était parvenue que la veille. Nul n'y avait cru, quoique tout le monde la désirât. Le président du cercle, M. Sigismond de Kiss, sur une lettre de M. de Horváth, convoqua les principaux membres pour arrêter les détails de ma réception. On décida de garder le secret de ma visite dans la crainte d'une déconvenue. Le lendemain, les membres du cercle se réunirent à l'hôtel de ville, plus confiants à force de vouloir l'être.

Donner l'occasion de témoigner à la France l'amour qu'une ville vraiment hongroise ressent pour elle est la plus grande joie qu'on puisse lui promettre ou lui apporter.

Mais les heures fuyaient sans que l'affirmation nouvelle de l'arrivée d'une Française vînt donner la certitude aux espérances des initiés.

« La flamme jaillissante de l'enthousiasme commençait déjà à faire place au triste découragement », dit l'un des journaux de Szentes, lorsqu'à onze heures l'assurance de ma venue parvint au cercle. Peu de temps après, des affiches annoncèrent aux habitants que *Adam Aszony* serait à quatre heures au milieu d'eux.

L'état des routes nous empêcha seul d'être exacts et, si l'impatience de voir « la Française » fit qu'on m'en voulut un peu de ce retard, dès mon entrée à Szentes, tout fut oublié.

Les voitures des délégués, en nous précédant, nous avaient annoncés, si bien que partout, à la porte des maisons, aux fenêtres, dans les rues, sur les places, je rencontrai ceux que la France a pour amis à Szentes, dans un village de 30,000 âmes, c'est-à-dire tout le monde; et je fus accueillie par le beau cri de *Eljen!*

Il n'y a pas d'hôtel à Szentes. Pourquoi faire? Comme à l'île des Phéaciens ne trouve-t-on pas l'hospitalité d'Alcinoüs? M. de Kiss, président du cercle, venu avec les délégués, me pria de descendre dans sa maison. Mme de Kiss m'attendait sur le haut des marches d'un perron, tenant ses enfants par la main; l'un d'eux m'offrit un admirable bouquet et me récita un compliment. Je pénétrai dans l'élégante habitation de mes hôtes.

On nous servit du thé sur une table couverte de l'infinie variété des pâtisseries hongroises. A peine étais-je assise auprès de Mme de Kiss, qu'elle se leva, et, dans le beau français que parlent les Hongrois, avec un léger accent qui semble plutôt celui de l'une de nos provinces du Centre qu'un accent étranger : « Vous êtes ici la maîtresse, dit-elle, et, si je vous offrais un palais, je dirais la reine. Vos amis seront chez vous, et nous au même titre qu'eux, si vous le permettez. »

La hauteur simple et douce du ton, l'extrême dignité des manières, la noblesse sereine des gestes, me faisaient regarder Mme de Kiss avec une admiration sympathique dont elle fut touchée : « Je n'ai plus peur », ajouta-t-elle.

La collation achevée, le défilé des députations commença. D'abord celle des fonctionnaires municipaux, ayant à sa tête le maire, dont le beau nom me frappa : M. Magyar. Orateur éloquent, très connu d'ailleurs, et très goûté, le maire de Szentes me parla de la France, de sa passion pour elle, en des termes inoubliables. Puis vinrent la députation de la réunion des dames, à la tête desquelles était Mme de Kiss, la députation du comité du cercle, et enfin celle des cultivateurs de Szentes.

Il me faudrait redire chaque mot, peindre chaque mouvement pour donner une idée de ce que sont la parole et l'attitude des Hongrois, dans l'un des villages de l'Alföld. Je crus vivre de la vie utopique, irréelle, sacrée, des peuples qui naissent. La forme pure avec laquelle les sentiments s'expriment, forme que nous autres écrivains ne trouvons que dans l'extrême recherche, me causa cette impression de respect que j'éprouve vis-à-vis de mes aînés ou de mes maîtres dans l'art. Je causai avec mes nouveaux amis, comme je cause avec mes plus vieux et mes plus grands amis, ceux qui, à force d'intelligence, de talent, de génie, sont parvenus à écrire et à parler de toutes choses simplement.

Le soir de mon arrivée, une retraite aux flambeaux illumina les rues; s'arrêtant sous les fenêtres de Mme de Kiss, la foule m'appela pour me faire entendre le discours que voici :

« Nous venons, avec cette affection passionnée, avec ce culte que tout enfant de la Patrie hongroise voue à la grande nation française, souhaiter la bienvenue parmi nous à une Française amie de la Hongrie. »

Après le départ de la « sérénade », le comité d'un banquet de quatre cents couverts, organisé le matin et qu'on m'offrait le soir même, me fit remettre un énorme bouquet, léger comme une branche de lilas. Il vaut la peine d'être décrit. Composé de fleurs de jacinthes bleues, blanches et rouges, prises une à une et montées sur d'imperceptibles fils de fer, il était traversé par une épaisse guirlande de fleurs rares, montées si finement aussi, qu'elle restait soulevée sur les jacinthes; le porte-bouquet, fait de blonde et de crêpe gaufré, n'ajoutait aucun poids à la masse légère des fleurs.

Quand j'arrivai dans la salle du banquet, mes fleurs tricolores à la main, je reconnus et retrouvai aussitôt mes amies et mes amis des députations; il me sembla qu'ils devenaient mes initiateurs, et me mettaient en communication immédiate avec la salle entière.

Quoique je fusse dans un lieu public, cependant j'étais reçue intimement par les familles; les femmes, les jeunes filles étaient assises à côté de leurs maris et de leurs frères. En Hongrie, les grandes réunions se tiennent dans les salles d'hôtels ou de casinos, c'est pourquoi chaque ville et chaque grand village se prêtent aisément à l'organisation d'une réception aussi instantanée que la mienne. On est invité par carte, sur des listes dressées avec grand soin, et toujours dans un but de charité ou de patriotisme. Le peuple a des bals publics, des réunions sur le même modèle, où la bienfaisance joue aussi un grand rôle.

Ce qui me frappa dans la salle et attira mon attention, ce furent les jeunes filles et les femmes; elles ont gardé jalousement à Szentes le caractère national : une physionomie à la fois attrayante et

fière, ce charme qui inspire la passion et le respect.
Toutes me rappelèrent la poésie de Jean Garay (1),
qui peint avec tant d'orgueil les sentiments inspirés
au Hongrois par la femme hongroise :

> Bénis ton sort, femme,
> Car tu es née magyare :
> Or, être née magyare
> Est une faveur divine,
> Pour qui la comprend ;
> Puisque c'est être belle,
> Fortunée sur la terre
> Et destinée au ciel !
>
> Dieu t'a créée belle,
> Parce qu'il t'a faite femme.
> Tu es fleur, et ta beauté
> De la vie est le parfum ;
> Tu es aussi perle précieuse
> Dans l'océan du cœur ;
> Tu es l'étoile lumineuse,
> Au ciel de l'amour !

(1) Jean Garay, né en 1812 à Szegszárd, où son père occupait
la place de « père des orphelins », marque d'estime de ses conci-
toyens, poète pauvre, très aimé, mort en 1853. Une souscription
publique donna 20,000 florins à sa famille après sa mort.

Quand tu vins au monde,
Tu reçus deux missions :
Celles d'être femme et patriote,
C'est-à-dire femme et magyare ;
La destinée ne t'a pas donné
Une si haute fortune
D'être femme et magyare,
Rien que pour aimer.

Souviens-toi que tu es la fille
D'une patrie qui dort,
Plante courbée dans l'ombre,
Qui cherche la lumière.
Quelle fleur se plaît à fleurir,
Sans air, dans un marécage ?
Et qui respire le parfum
De la fleur des tombeaux ?

Mais voici que notre air national éclate. Il alterne avec l'air national hongrois. Tout le monde est debout, les vitres tremblent aux acclamations des Hongrois pour la France. L'orphéon succède aux instruments, et les belles voix magyares chantent dans cette langue admirable, qui est forte comme une langue d'Occident, sonore et douce comme une langue d'Asie.

Puis les toasts commencent, accompagnant le

repas, mais sont-ce des toasts? Non, c'est la grande épopée de l'Alföld que me récitent ses enfants. Aëdes, trouvères, troubadours, ils me racontent ce qu'est la Puszta, ce qu'elle a été, son histoire, sa poésie. A la chaleur, à l'émotion des discours, je sens qu'on ne s'inspire pas pour moi des traditions écrites, mais des paroles transmises par les vieillards aux jeunes hommes. Les images primitives y abondent, la mélancolie grandissante des temps écoulés y pénètre à chaque instant.

Je suis dans le district « le plus magyar du pays », au cœur de la patrie hongroise. On me parle de « la plaine océanesque de l'Alföld magyar, où la féerique fée Morgane joue ses jeux magiques, où l'on n'aperçoit le clocher d'une commune que du clocher d'une autre commune ». On me demande si j'ai compris le pays enchanté de l'immense Alföld. « La Puszta ne dévoile ses mystères et le sens de ses légendes, ni à l'esprit ni aux regards de ses hôtes; elle ne se révèle qu'à ceux qui la sentent et qui aiment la Hongrie. A ceux-là, elle conte le passé glorieux ou fatal, mais elle murmure en même temps les espérances de l'avenir. »

« L'Alföld a rappelé à notre amie, me dit le maire de Szentes, qu'autrefois le grand désert était peuplé de villes florissantes ; des cœurs magyars y ont palpité, y ont laissé la trace de leur souffle héroïque, et nous Magyars, nous entendons, même aujourd'hui, résonner la voix de nos pères dans l'immense Puszta. Ceux qui ont défendu l'Europe et la civilisation, qui lui ont fait un rempart de leurs corps, devaient perdre le meilleur de leur sang et s'épuiser dans des combats sans cesse renouvelés.

« Puis est venue la lutte pour l'indépendance, que la nation française a suivie avec tant de sympathie, qui a duré dix ans, et qui a englouti, dans la plaine de Majtény, des villes, des villages, où des frères ont enterré leurs frères.

« Nous qui avons mérité la liberté, qui en jouissons, nous qui possédons la constitution que nous avons conquise, aimons ceux qui aiment avec nous la liberté ! »

Comme en des chants distincts quelquefois interrompus, toujours repris, se déroulait à mes yeux, se redisait à mon oreille, l'histoire du grand poème national hongrois.

M. Jules de Horváth, commissaire royal, qui, à
force de courage et de généreuse audace, a sauvé
Szentes d'une inondation de la Tisza, il y a trois
ans, nous parle du peuple hongrois, « laborieux et
fier, chez lequel la passion de la liberté a toujours
dominé toutes les autres passions, et qui a voué à
la noble nation française l'attachement le plus profond qu'un peuple ait jamais eu pour un autre
peuple » !

Durant cet inoubliable soir, succédant à un tel
jour, où tant de voix hongroises louèrent la France,
et où la Hongrie n'eut que ma voix et que mes
vœux pour répondre à des vœux si nombreux, les
deux chevaleresques nations durent sentir dans des
cœurs fanatiques les mêmes battements, et je me
jurai de rendre à la patrie hongroise une part de
l'amour qu'elle porte à la patrie française.

Les journaux de Szentes, de cette ville qui veut
être un village, diront mieux que moi quels sont
les sentiments hongrois pour notre pays.

« Une affection pleine de dévouement, qui tient
de l'amour, pour la nation française, ne date pas
d'aujourd'hui. Elle appartient à nos traditions.

Comme font les véritables amis, nous avons toujours, en dépit de la distance qui nous sépare, partagé sa joie et ses chagrins.

« Notre âme s'est grisée d'enthousiasme jusqu'à l'ivresse, lorsque la France a été glorieuse, et notre cœur a saigné lorsqu'elle a été vaincue.

« Et c'est naturel, car il n'existe pas au monde deux peuples dont le caractère présente tant de traits pareils. L'amour de la liberté et l'esprit chevaleresque leur donnent un même langage et une même histoire. »

Après le banquet mes amis m'attirent dans une salle où quarante jeunes couples, en costume hongrois, vont danser le *csárdás;* c'est un éblouissement.

Le costume des paysans de l'Alföld, d'aspect un peu féminin, remonte à l'époque des Arpáds, du IXe au XIIIe siècle.

Pendant l'hiver, les paysans portent le pantalon de drap ordinaire dans les hautes bottes qui montent jusqu'aux genoux et qu'ils conservent en toute saison, le gilet de drap boutonné sans manches, la veste courte et ajustée, la grande pelisse doublée

de peau de mouton ou de drap imperméable, — la
bunda.

En été le pantalon de drap est remplacé par le
pantalon de toile blanche, aussi large que celui de
nos zouaves, la veste est supprimée. Le gilet sans
manches, dont les poches contiennent toujours le
sac à tabac et la pipe à court tuyau, est garni de
fins boutons de zinc ou d'argent ciselé, et s'ouvre
sur une chemise bouffante et brodée ; de longues
manches de linge emprisonnent la forte épaule et
s'étalent en plis fins et nombreux qui laissent
libre le bras jusqu'au coude.

Le chapeau garni d'une plume, la moustache
longue et fine donnent à la physionomie hongroise
quelque chose de martial, qui corrige la féminité
des vêtements, durant la belle saison.

Quoique les classes instruites aient abandonné
le costume national depuis 1870, le peuple l'a
gardé partout ; les races non magyares elles-
mêmes le portent très souvent, tandis que les grands
seigneurs ne le revêtent que dans les fêtes, aux
cérémonies du parlement, du comitat, de la
cour. etc. Le costume des nobles et surtout celui

des magnats, d'une incomparable richesse, est un composé de tout le luxe de plusieurs civilisations. Il résume l'amour des bijoux, des perles, des pierres précieuses, venu par l'Orient. Quelque chose des modes italiennes s'y introduisit sous Mathias Corvin. Les brandebourgs adoptés par les Turcs, les Serbes, les Polonais, s'y sont conservés et sont portés aussi par les hussards et par les honvéds; la *mente,* sorte de dolman un peu long, l'*Attila,* redingote de soie ou de velours de couleurs, le kalpak, avec un cimier qui vaut quelquefois un domaine entier, le sabre recourbé, orné de velours, d'or et de pierreries, la selle brodée pour les chevaux, les riches harnais recouverts de pierres précieuses,. datent de l'occupation turque.

La cour de Marie-Thérèse eut une grande influence sur le costume des comtes magnats. Sous le règne de ce « roi », — *rex,* que les nobles acclamèrent à la diète de Pozsony (Presbourg), en 1742, en lui jurant de mourir pour sa dynastie : « *Moriamur pro nostro rege Mariâ Theresiâ,* » — les vêtements amples, dolmans et pantalons, devinrent collants, la *mente* fut jetée

par-dessus l'épaule et retenue par une riche
cordelière.

On va danser! Les paysans s'approchent de leurs
préférées. Les talons se joignent militairement, le
salut est du meilleur monde. Voici des élégants ;
ils sont éperonnés, et, à leurs talons, s'attachent
des molettes qui sonnent dès la première mesure
du *csárdás*.

Les jeunes filles, aux yeux très noirs ou d'un
bleu indéfinissable, aux nattes épaisses et longues,
se distinguent des femmes par l'absence de tout
ornement dans les cheveux. Les femmes mariées
portent une coiffe, sorte de bonnet-nœud posé très
bas sur le chignon.

Le corsage, aux couleurs éclatantes, est lacé en
zigzag. Il emprisonne une taille souple, et la détache d'une jupe sombre, très bouffante, le plus
souvent en percale et soigneusement empesée. Si
quelquefois les femmes et les jeunes filles mar-
chent pieds nus ou avec des bottes grossières dans
la semaine, à cause de la boue, le dimanche et les
jours de fête elles chaussent le fin soulier découvert ou l'élégante bottine. Le fichu de soie qu'elles

nouent sous le menton, comme nos Savoyardes, remplace celui d'indienne des jours ordinaires. Ce fichu est l'unique coiffure des femmes qui ne portent pas de chapeau.

Mais, après le *csárdás* que j'ai déjà décrit, une surprise étonnante m'attendait. Je vois tout à coup les danseuses se ranger au bras de leur cavalier ; la voix de l'arrangeur des danses ordonne : « Vis-à-vis ! chassez-croisez, avant-deux », et voilà qu'on danse « la Française ».

Les plaisirs des paysans de l'Alföld sont pris avec une tenue, une dignité, un bon genre, qui, sans exclure la gaîté, font croire qu'on se trouve dans un milieu aristocratique à une fête costumée.

A côté de la salle du banquet et de la salle de danse, des paysans jouent aux cartes. Ils aiment ce jeu, auquel ils perdent souvent de fortes sommes. La loterie, que le gouvernement exploite, jouit aussi d'une grande faveur. Parmi les distractions des Hongrois est le jeu de quilles ; la moindre auberge en possède un, autour duquel voltige toujours une nuée d'enfants pour ramasser les quilles, ce que ne ferait à aucun prix le joueur hongrois.

Je reviens dans l'hospitalière maison de mes hôtes, que je questionne, sans pouvoir me lasser, sur les paysans de l'Alföld. Ont-ils, comme chez nous, la manie d'envoyer leurs enfants à la ville, d'en faire des employés, des bureaucrates, des médecins, des prêtres, des avocats?

« Il y a certains ambitieux, en très petit nombre, qui destinent leurs enfants aux carrières libérales, me répond M. de Kiss. Les sages s'en moquent beaucoup et certaines anecdotes le prouvent. Je vous en conte une :

« Un paysan avait envoyé son fils étudier dans une Faculté, mais le jeune homme était plus attiré par d'autres cours moins sérieux que le cours de jurisprudence. A la fin de ses études, n'ayant pu être reçu, il fabrique un diplôme et le remet à son père. Celui-ci, quoique ignorant, savait que tout diplôme est fait sur parchemin, *kutya-bör*, en hongrois « peau de chien ».

— Pourquoi ton titre n'est-il pas sur *kutya-bör?* demande le père.

— C'est que, répond effrontément le fils, les avocats en Hongrie étant plus nombreux que les chiens, on ne trouve plus assez de peau pour la confection des diplômes. »

M. de Kiss, avocat distingué, ajoute qu'il y avait en Hongrie une telle quantité d'avocats sans valeur, que le gouvernement, depuis peu, a pris contre cette invasion des garanties de capacité, et qu'il exige aujourd'hui le titre de docteur.

Les paysans hongrois les plus aisés suivent l'exemple des magnats qui, pour assurer l'avenir de leurs fils, font de l'aîné un homme politique, du second un soldat, du troisième un prêtre, et, s'ils en ont d'autres, les engagent dans la politique des divers partis; de même les riches paysans divisent leurs fils en économes, en employés, quelquefois en prêtres, les carrières individuelles et commerciales leur paraissant indignes d'eux.

Depuis quelques années l'insouciant cultivateur hongrois qu'on eût pu comparer à la cigale, est devenu un peu fourmi; il a fait des progrès moraux extraordinaires et ne compte plus exclusivement sur la loterie des récoltes. Il commence à être économe, et à pratiquer la sagesse au lieu de l'insouciance dans la vie privée et dans la vie publique. Il se dit que les Turcs, dont il a un peu la paresse, ont été perdus par leur indifférence des conditions économiques; que les Polonais, dont il partage le goût pour les agitations politiques, ont été séparés par leurs propres dissensions; de plus en plus il raisonne, s'observe et se modifie. Ceux qui dirigent le peuple hongrois, à quelque nuance de parti qu'ils appartiennent, ne lui épargnent pas la critique de ses défauts, et ne risquent plus de perdre à cette franchise leur popularité, au contraire.

Et la popularité, en Hongrie, est cruelle à perdre, car elle est plus enivrante que partout ailleurs. Il y a des hommes qu'elle égare, et qui font des folies pour la garder.

Quand on a goûté à cet *Éljen* répété par la foule, il doit être plus difficile d'y renoncer qu'aux applaudissements et aux bravos. Ce mot, plus on l'entend plus on l'aime. Crié par la voix profonde et sonore du Hongrois, il semble qu'il appartienne au vocabulaire de la fée Morgane. Cette insistance sur la première syllabe, cette belle note de poitrine à laquelle succède une note de tête, communique une émotion irrésistible.

« La popularité, me disent mes amis, a ici des enthousiasmes, des délires, des grâces, des surprises, plus enivrants que partout ailleurs ; mais l'impopularité y est terrible. »

LA TISZA

LES INONDATIONS ET SZEGED

Et il me sembla que le lendemain, à l'heure des adieux, je prenais congé de la reine Arété. J'avais certainement vécu, ces deux jours, dans l'île des Phéaciens, assisté à leurs jeux, à leurs fêtes, reçu l'hospitalité antique.

Avant de quitter Szentes, je voulus voir de près, dans son cours immense, la Tisza, cette formidable fille des Karpathes, qui arrose quatorze comitats, traverse quatre grandes villes et alimente le Danube. Dans les quatre divisions anciennes de la Hongrie, elle donnait son nom à deux divisions qui s'appelaient : le cercle au delà de la Tisza, et le cercle en deçà.

J'ai le spectacle des jours qui précèdent les inondations. La Tisza grossie, gonflée, roule son eau trouble et rase ses berges. Le brouillard tombe sur la grande plaine. L'horizon touche le ciel, l'enveloppe d'une brume en deuil, d'un gris violacé, sali. Sur les arbres nus l'humidité s'accroche, et, par son poids, courbe les branches. Tout prend une teinte uniforme, un aspect désolé; les alouettes courent transies, les pierrots jacassent avec inquiétude. Un rayon essaye-t-il de paraître? vite il est éteint par la pluie. Des corbeaux passent; ils volent bas, jettent un cri sinistre qui paraît la voix même du paysage.

Un je ne sais quoi de fatal accompagne la marche lourde de la Tisza. Lutter contre cette masse sourde, contre cette force aveugle, doit être terrible. J'interroge MM. de Hieronymi et de Horváth qui m'accompagnent et ont triomphé de la dernière inondation.

M. de Horváth est un héros. A quinze ans, son père l'envoyant à une Faculté allemande, il courut en Sicile et rejoignit le bataillon hongrois des Mille. L'existence de M. de Horváth est pleine de traits chevaleresques. Il a l'âme passionnée d'un Magyar, le flegme et le sang-froid d'un Anglais.

En 1881, la Tisza menaçait d'engloutir Szentes. M. de Hieronymi, sous-secrétaire d'État, conçoit, à la première nouvelle du danger, le projet hardi de combattre l'inondation, de sauver tout un pays d'une épouvantable catastrophe. En désaccord avec la Chambre, en froid avec son ministre, il assume la plus lourde responsabilité qui se puisse prendre. L'ingénieur domine en lui l'homme politique. Agir sur l'heure est nécessaire, il agira. Élever des digues pendant que la Tisza monte, paraît à tout le monde une folie. M. de Hieronymi, sans peur des menaces de la Tisza, des reproches du Parlement, sans crainte de l'impopularité, essayera de conjurer la ruine de tout un pays.

Il cherche, parmi les hommes qu'il connaît, lequel acceptera la dangereuse mission d'exécuter ses ordres. Cet homme, il le faut indomptable.

« Horváth fera cela », pense M. de Hieronymi, et il l'appelle.

Avec ce tutoiement si fier en certaines circonstances :

« Horváth, dit le sous-secrétaire d'État, veux-tu donner ta vie pour sauver celle des autres?

— Toujours.

— Ce n'est peut-être pas seulement ta vie que tu risquerais; si le fléau triomphe de tes efforts, c'est la fatigue inutile, la maladie, la haine, le déshonneur.

— De quoi s'agit-il?

— D'arrêter la Tisza.

— Comment?

— Va à Szentes, élève les digues. Ce qu'il te faudra comme argent, comme hommes, demande-le-moi par dépêche, fût-ce des millions de florins et des milliers d'hommes. Pars et lutte avec toutes tes forces, avec toutes tes volontés, n'épargne pas ton audace, va jusqu'à la folie même.

— Je lutterai... »

M. de Horváth arrive à Szentes par une pluie battante. La Tisza gagnait chaque jour sur la hauteur des digues. Il réunit les magistrats municipaux, qui sont à la fois résignés et affolés. Leur premier mot est :

— Vous venez nous enjoindre d'abandonner Szentes, nous le ferons.

— Je viens vous demander de m'aider à lutter contre le péril, à élever les digues.

— Vous êtes fou ! Ce serait nous vouer tous à une mort certaine, et ruiner l'État.

Le délégué royal va vers la Tisza, seul, désespéré. L'eau boueuse, noircie, dramatique, passe en grondant, s'amasse dans les courbes, pèse sur les obstacles qu'elle veut briser ; la rivière, trop pleine, oscille, comme ivre. M. de Horváth regarde en face le fléau ; une telle puissance, au lieu de l'effrayer, l'excite. L'ennemi est si fort, si brutal, si impossible à vaincre, que l'orgueil et le courage humains lui montent au cerveau. Dans sa folie héroïque, il calcule, il veut ; son regard embrasse la plaine, la terre, le ciel ; il crie : « A l'aide ! » et il lui semble que ce coin de l'Alföld répond : « Sauve-moi ! » Il revient à Szentes et télégraphie au sous-secrétaire d'État :

« Je suis prêt. Envoie 10,000 hommes et un million. »

M. de Hieronymi répond :

« Les hommes partent, l'argent suivra. »

Il se met en permanence auprès du télégraphe, ne quitte pas un seul instant son poste, expédie soldats, argent, bateaux, nourriture, terre, et ne cesse de répéter à son ami : Lutte !

Le délégué royal, de nouveau réunit la municipalité, s'adresse à la population, lui communique son courage, réveille l'héroïsme magyar. On se met à l'œuvre. Les hommes, les femmes, les enfants de Szentes aident les soldats, et, tandis que monte la Tisza, monte la digue.

A mesure que le danger croît, l'héroïsme grandit. Un jour qu'une brèche est ouverte, des soldats barrent l'eau avec leurs poitrines !... La brèche est réparée !

Durant des jours, des semaines, on gagne en hauteur sur la Tisza. Tous se passionnent ; les soldats pour combattre ne dorment plus, ne mangent pas ; la population de Szentes est là tout entière, sous la digue. Il reste à consolider en briques réfractaires certaines courbes où la rivière pousse ses vagues, veut [entrer par force dans l'obstacle.

Une nuit, le danger devient terrible. Si le vent continue, si les vagues battent sur ce qu'on vient de construire, la digue est rompue, c'est la perte de travaux ruineux, cette responsabilité effroyable, ce déshonneur dont parlait au début M. de Hieronymi ; c'est la mort de quarante mille personnes, qui ont cru à la volonté de deux hommes. Le sous-secrétaire d'État échange ses angoisses avec son délégué : « J'ai peur de la mort des autres, répond M. de Horváth, mais je suis moins à plaindre que toi parce que je mourrai l'un des premiers. »

Mais le vent change, et permet d'achever le travail ! Une semaine de doute et d'espoir s'écoule encore. Bientôt les digues dépassent la hauteur que la crue peut atteindre. Les heures de joie, de reconnaissance, de triomphe sonnent enfin.

Cette lutte contre la nature et ses violences fait des hommes d'une énergie exceptionnelle. Le courage est à chaque heure nécessaire. Une digue rompue, il faut, à l'instant, créer des ressources, les organiser, réparer. La lutte constante donne le mépris du danger. Les hommes, s'ils s'usent dans ces épreuves; s'ils ont, comme M. de Horváth, des cheveux blancs, jeunes encore, ont un caractère que rien ne peut plus ni surprendre ni dompter.

C'est autour de Szentes, il y a quarante ans, que furent construites les premières digues, pour protéger des terrains qui étaient inondés tous les ans; plus tard on éleva de nouveau ces digues encore insuffisantes contre les crues extraordinaires. Aujourd'hui, dans les terres désormais protégées, sur un sol fécond comme les plaines du Nil, s'élèvent des habitations, se font de riches cultures.

On va maintenant de Szentes à la Tisza sur une chaussée admirable, en briques, dallée comme un couloir, mais qui coûte 200,000 francs le kilomètre.

Entre Szentes et Hód Mezö Vásárhely, je vois la plaine telle qu'elle était avant que la Tisza fût endiguée. Ce sont des marais à perte de vue où il ne pousse que des joncs. Avec ces joncs, se couvrent les chaumières, que, tout d'abord, je croyais couvertes en chaume.

Les oies sauvages, par troupes, volent sur les marais, où les sarcelles fourmillent.

SZEGED

LA VILLE NEUVE

Après avoir quitté Szentes, qui a gardé intact son caractère primitif, traditionnel, purement hongrois, il est très curieux d'arriver à Szeged, la ville neuve.

Szegedin, comme l'appellent les Allemands, est une ville extraordinaire, unique en Europe, sortie pour ainsi dire des flots, et qui a été construite en quatre ans. Tout le monde connaît l'épouvantable catastrophe de la ville submergée, engloutie par la Tisza. Paris, ému d'un tel malheur, entendit le cri de détresse de Szeged et lui envoya sa généreuse offrande.

Aucune maison n'étant restée debout après l'inondation, il fallut que la ville se rebâtît sur tous les
points en même temps. On aurait pu réédifier sans
méthode, laisser chaque propriétaire inondé relever sa maison à sa guise. Mais l'État et la municipalité se trouvèrent d'accord pour exiger des habitants de Szeged qu'ils acceptassent un plan
d'ensemble de reconstruction ; si bien que, sauf
une vieille église et la ruine de la forteresse, trans-
formée en pavillon au milieu d'un jardin public,
du palais de la ville jusqu'à la plus humble maison
de paysan, tout est neuf à Szeged, tout porte l'empreinte et le caractère de l'extrême civilisation ;
tout est si frais, si élégant, qu'il semble un décor.

Les larges rues, les magasins, les hôtels parti-
culiers, les grandes maisons sont construits ou
dessinés sur un plan de ville modèle. Aucune
habitation ne se trouve sur l'ancien emplacement
qu'elle occupait ; dans cette ville, bâtie à la façon
d'une ville australienne, les difficultés d'échanges,
les conflits administratifs provoqués par une possession séculaire des propriétés, par des remanie-
ments imprévus, parfois inacceptables, ont surgi

sous toutes les formes. Il y eut des épopées. Ceux
qui réclamaient leurs terrains, tombaient sur la
cathédrale, ou au milieu d'un marché. Il fallut bien
que les intérêts privés cédassent à l'intérêt général.
Les plus entêtés finirent par accepter une transac-
tion. Il y en eut quatre mille.

C'est un homme d'une haute valeur, d'une
énergie extraordinaire, réunissant l'audace d'un
pionnier à l'expérience, au goût d'un architecte de
grande école, M. Lechner, qui a exécuté la reconstruction de Szeged. Cette reconstruction a été
conçue, inspirée et dirigée par M. Louis de Tisza,
comte nouveau comme la ville, frère du président
du conseil, l'un des hommes les plus chevalores-
ques, les plus généreux, les plus patriotes et les
plus populaires de la Hongrie, aussi sympathique
d'ailleurs, aussi aimable que son frère est morne
et sévère.

Le théâtre de Szeged est éclairé, chauffé, aéré,
dégagé, distribué selon les dernières méthodes et
les expériences les plus nouvelles. La décoration
de la salle est blanche et rouge, mais des seuls
blanc et rouge qui puissent harmonieusement se

marier. Toutes les loges, dont aucune n'est fermée, avancent ou reculent les unes sur les autres. Elles sont à demi découvertes; leurs rideaux de fond, très courts, se drapent sur un encadrement carré d'un goût fort original.

Je ne puis songer sans une émotion profonde à ce théâtre, où je recueillis, lorsque j'y entrai, une part de l'inépuisable gratitude de Szeged pour Paris.

On peut dire que si les grands quartiers de Szeged-la-Neuve sont beaux, magnifiques même, les bas quartiers sont charmants. Cette plaisanterie de nos paysans : « Si Paris était dans la campagne, ce serait un joli village » devient ici à peu près une réalité. Szeged ressemble à une capitale transportée en pleine campagne et entourée de villages.

C'est à Szeged que je fus baptisée Hongroise. Les délégués de la ville, chargés de me recevoir, m'avaient fait l'honneur d'accepter, le jour de mon départ, un déjeuner d'adieu. Au moment où je me levai pour les remercier d'un accueil enthousiaste auquel je craignais de n'avoir pas assez de droits, mon verre s'échappa de ma main et se brisa. L'un des chanoines de la ville, présent au déjeuner, se leva, puis, étendant le bras vers ma tête avec solennité, il dit : « Je vous baptise Hongroise. »

L'hôtel de ville est un palais. Le maire de Szeged et le préfet y habitent chacun une aile. Ils ont des attributions si distinctes qu'elles ne les mettent jamais en conflit. Une grande salle les sépare et les rapproche tour à tour. Dans cette belle maison de ville toute neuve, où se conservent les plus anciennes traditions des communes, où s'exerce un gouvernement paternel, qui garde ses franchises, sans empiéter sur les attributions de l'État, et sans permettre que l'État empiète sur les siennes, l'impression qui domine est celle du respect.

Le maire et le préfet me prièrent en riant de me prononcer sur les agréments de leur aile croyant chacun posséder la plus belle. J'osai parodier un jugement célèbre et je proposai de couper en deux le différend : « J'admire, dis-je, le cabinet de M. le maire, parce que le magistrat qui y siège est un magistrat élu, et je trouve, dans le cabinet de M. le préfet, la vue admirable. »

A la bibliothèque de Szeged, notre littérature occupe une grande place. J'y remarquai tous les classiques français et la collection de nos journaux officiels, depuis la Révolution.

Et, quand je quittai Szeged, je sentis que j'y avais apporté, et que j'y laissais le meilleur de ce qu'on échange avec des amis étrangers : la sympathie et le souvenir.

LE COMTE DE BEUST

SA POLITIQUE HONGROISE

Je rentrai à Pest, heureuse de m'y retrouver quelques jours encore, pour y contrôler un à un mes jugements sur la patrie hongroise et y resserrer les liens de nobles amitiés ; puis, je quittai Pest avec chagrin pour aller à Vienne.

Ayant choisi mes opinions en Hongrie dans le parti de l'Indépendance, je ne parlerai pas de l'Autriche ; ce serait accepter le dualisme. Je m'abstiens donc, jusqu'à ce que je publie un volume sur la société de Vienne, et terminerai mon livre en traçant la physionomie de deux hommes qui ont exercé sur les destinées de la Hongrie une influence prépondérante : le comte de Beust et Louis Kossuth.

Peut-être me sera-t-il cruel de porter sur ces deux hommes, que j'admire et que j'aime à des titres bien divers, un jugement qui pourra leur déplaire. Si ma passion de la sincérité me porte à être juste envers mes ennemis, elle peut m'égarer et me rendre injuste envers mes amis. Dans ce dernier cas, j'ai cependant une excuse : celle de préférer à des hommes leur cause, et de croire que je la sers en les critiquant.

Le comte de Beust vit dans la retraite, honoré par ses ennemis eux-mêmes, travaillant, on le dit, à des mémoires.

De Vienne au château d'Altenburg, qu'habite le comte de Beust, on côtoie le Danube jusqu'à la station de Greifenstein. Il faut passer au pied du Kahlenberg, d'où se découvrent un immense parcours du grand fleuve et des montagnes, dont les plans successifs s'abaissent, pour permettre à d'autres montagnes de grandir, de s'élever derrière les premières.

Les collines, exquises de forme, arrondies, sont bleues, violacées, veloutées, couvertes de grands arbres fruitiers. Le blé, en gazon, donne aux terres partout l'aspect d'un parc immense. Les courbes magistrales du fleuve s'élargissent encore vers Greifenstein. Le Danube est bleu en Autriche, où son eau limpide sort des montagnes; il est blond en Hongrie, à cause de ses affluents sablonneux.

Le jour où je fais mon excursion d'Altenburg, au-dessus de l'une des courbes du fleuve, qui forme un grand lac, des nuages épais, gonflés, avec leurs pelotons floconneux superposés, courent dans un ciel clair et portent des ombres bizarres. Toujours les saules et leur doux feuillage. Les rives vertes colorent en vert le bord du Danube bleu, et, tout à coup les nuages, traversant le fleuve d'un bord à l'autre, lui donnent au loin l'aspect d'une glace étamée avec des points brillants. Cette variété de nuances est admirable.

A droite sont de grandes prairies un peu marécageuses et des bois splendides; à gauche, derrière les collines, se trouve la Bohême. Le château d'Altenburg est à mi-côte. On y monte par des chemins en lacets, qui se continuent jusqu'à la crête de la montagne. Des allées doubles d'acacias assurent partout de frais ombrages.

L'entrée de l'habitation est un vestibule assez étroit, ouvrant sur une salle à manger immense. De là on pénètre dans les salons, d'où la vue s'étend sur trois côtés et domine le Danube. Au premier, où l'on monte par un escalier couvert de fleurs, se trouve une grande galerie avec ses sections française, anglaise, turque. Dans chacune de ces sections, des présents sont classés. Au milieu, une table énorme est couverte d'albums richement reliés, envoyés par les villes de l'Empire au président du conseil. Il y a, suspendues à l'entrée, sous verre, toutes les caricatures du comte de Beust; et c'est plutôt un compliment qu'une malice de dire qu'elles sont nombreuses.

Le comte de Beust a, dans son cabinet de travail, la photographie de tous ses amis et de toutes ses amies : une légion ! Il peut tirer quelque vanité de cette galerie et justifier, à ce propos seulement, le mot de M. de Bismarck : « Je fais toujours le compte des défauts de mes ennemis. Pour Beust, une

fois le compte de sa vanité fait, je ne trouve plus
rien. » — « Voilà qui m'étonne, répondit un jour le
comte de Beust à qui on répétait cette boutade, et
je vois quelque contradiction dans le jugement du
prince-chancelier sur moi. Si je n'ai que de la
vanité, pourquoi s'acharne-t-il à m'enlever tout
pouvoir, prétendant que je suis le seul qui sache
organiser une résistance sérieuse contre lui? Mais,
j'y songe, la contradiction est seulement apparente.
L'idée de faire échec à M. de Bismarck doit rendre
un homme immensément vaniteux. »

Tout le monde connaît l'esprit du comte de Beust,
malicieux jusqu'à la raillerie, mais ne la dépassant
jamais. Aucun de ses traits ne blesse même les plus
susceptibles. Sa physionomie est parfois très gouail-
leuse. Il semble qu'il goûte, comme un fin gourmet,
le plat délicat qu'il va servir aux autres. C'est
d'ailleurs un gourmet de toutes façons. Sa table a
la réputation d'être l'une des plus choisies à laquelle
on puisse s'asseoir.

Mme la comtesse de Beust habite complètement
Altenburg; femme intelligente, instruite, elle
se tient fort au courant de ce qui se passe au dehors,

bien qu'elle ait le goût de la solitude. Son dédain pour les idées toutes faites, qu'on appelle reçues, lui valent, comme aux femmes exceptionnelles, la réputation d'originalité.

La carrière politique du comte de Beust, en Autriche, ne date que de l'année 1866. Jusque-là il avait été premier ministre en Saxe. Ce qui le frappa tout d'abord dans la politique autrichienne, fut ce qu'on appellerait aujourd'hui la question hongroise. Le ministère Schmerling avait en vain essayé d'attirer les députés hongrois au Parlement de Vienne, et le cabinet Belcredi leur avait offert des concessions insuffisantes.

Durant la guerre de 1866, les patriotes magyars avaient organisé à Berlin la légion hongroise, sous les ordres du général Klapka, et M. de Bismarck répéta plus d'une fois : « Je frapperai l'Autriche au cœur. »

On ne pouvait calmer les Magyars, après cette guerre, que par de sérieuses concessions. Les hommes influents qui dirigeaient la Hongrie étaient inaccessibles aux faveurs. Tant qu'ils combattirent le gouvernement de Vienne, jamais les Hongrois ne sollicitèrent un adoucissement personnel au régime qui pesait sur leur pays.

Lorsque le comte de Beust accepta la présidence du conseil de l'Empire, la Hongrie était en pleine crise vis-à-vis de l'Autriche. En prenant possession du pouvoir, il déclara que son but politique était d'apaiser les différends de la couronne avec la Hongrie et de résister aux idées centralistes. La chose paraissait à tel point irréalisable que le comte de Beust fut obligé de gérer quatre ministères, ne trouvant aucun titulaire de son choix, ni aux affaires étrangères, ni à l'intérieur, ni à l'instruction publique.

La démonstration du détachement de la Hongrie, avait été cependant suffisamment faite par la formation de la légion Klapka dans la guerre avec la Prusse. L'empereur, nous l'avons déjà dit, n'était point personnellement hostile à la Hongrie, depuis 1861.

Le comte de Beust, antérieurement à la formation de son ministère, était allé passer vingt-quatre heures à Budapest, et avait conféré avec Deák, Eoetvös, Lónyay, Andrássy, afin de connaître leur programme définitif. Il entama des négociations qui se continuèrent à Vienne, jusqu'au succès de la combinaison politique à laquelle le comte de Beust attachait son nom : le dualisme.

Cette combinaison fut ce qu'on appelle aujourd'hui de la politique opportuniste, ne tenant compte que des faits saillants, dédaigneuse de la recherche des causes et de la prévision des difficultés futures qu'engendre parfois et qu'augmente toujours le triomphe trop facile des obstacles du présent. Cette combinaison ne donnait satisfaction qu'à des intérêts transitoires, modifiables au jour le jour.

Sans doute le président du conseil de l'Empire épargna une révolution à la Hongrie et une complication grave à l'Autriche, déjà si éprouvée. Il délivra la patrie hongroise de l'influence de l'Allemagne, en lui apprenant la noble formule du *fará da se*. Peut-être aussi permit-il aux Hongrois de s'acclimater, par des transitions plus normales, au régime constitutionnel.

Mais je ne crois pas qu'il y ait dans le système dualiste une fusion définitive des intérêts autri-

chiens et hongrois, malgré l'enthousiasme pro-
voqué par ce système au moment de sa promulgation et la popularité qu'il valut au comte de Beust
et à François Deák.

Le président du conseil de l'Empire ne fut pas
le seul innovateur de la forme du dualisme. Elle
existait déjà, à l'état embryonnaire, le nador ou
Palatin étant élu par la diète hongroise sur une
liste de quatre personnes proposée par le Roi.

Je suis fâchée de n'être pas une admiratrice de
ce qu'on appelle le plus beau titre de gloire du
comte de Beust. Ses vues ont été plus larges, sur
d'autres points où les nécessités de sa politique
avaient des exigences moins immédiates. Le dualisme me paraît un accord de différends arrivés à
l'état aigu, plutôt qu'une solution.

D'ailleurs, en 1867, à l'occasion du discours sur
l'adresse, le président du conseil de l'Empire ne
prévoyait-il pas les défauts du système en faveur
duquel il avait combattu, lorsqu'il disait :

« Je ne suis pas un architecte, qui, d'après sa
propre mesure, et d'après son propre dessin, a
élevé le dualisme ; j'ai simplement, la construction

20

étant déjà faite, élevé l'aile hongroise du bâtiment. J'ai seulement relié les deux ailes par des galeries, pour mettre fin à des oscillations continuelles. Laquestion qui se posait devant nous, était celle de savoir s'il fallait élever cette seconde aile. ou s'il fallait détruire celle qui existait déjà. Si j'étais réellement et exclusivement l'instigateur de ce dualisme, l'expérience se serait déjà vengée vis-à-vis de moi; car j'ai pu m'apercevoir, en gouvernant. du désavantage de cette union, par des réclamations contradictoires inspirées par des intérêts différents. »

Les prédécesseurs du comte de Beust avaient excité l'antagonisme de ces intérêts; il essaya de les concilier momentanément et il y parvint. Mais on peut dire de cette combinaison opportune, dictée par les événements, que si l'Autriche est en droit de lui reprocher d'avoir exagérément favorisé la Hongrie, le parti de l'Indépendance et de l'union personnelle sous la monarchie des Habsbourg peut aussi renvoyer au dualisme le reproche d'avoir insuffisamment émancipé la patrie hongroise.

A TURIN

LOUIS KOSSUTH

Louis Kossuth est né le 16 septembre 1802, dans ce même comitat de Zemplén, où le comte Andrássy débuta. — car on ne peut dire qu'il y fit ses premières armes, l'image pouvant paraître une cruelle ironie. Le père de Kossuth était avocat et noble. Louis Kossuth devint avocat lui-même vers 1824, et reçut comme tous les jeunes hommes, en Hongrie, ses premières leçons de politique dans son comitat. Un hasard le conduisit, en 1836, à la Diète de Pozsony (Presbourg). où il remplaçait une magnate.

On sait que les femmes, chefs de famille, n'ayant
pas le droit de paraître personnellement à la Diète,
s'y faisaient remplacer par un ablégat de la classe
des nobles.

A cette époque, les lois sur la presse interdisant
le compte rendu imprimé des séances, les discours
n'étaient connus que par les lettres des députés à
leurs électeurs, et il n'y avait, par conséquent,
aucun échange d'idées politiques, aucune combinaison possible d'intérêts entre les différents
comitats. Kossuth organisa une correspondance
manuscrite qui eut un tel succès, que la moitié
du pays devint copiste, tandis que l'autre moitié
lisait.

Cette correspondance éclaira l'esprit des Hongrois; elle leur donna le goût des discussions sur
les idées libérales et la notion exacte des réformes
d'ensemble qu'ils avaient à réclamer.

Le gouvernement de Vienne, inquiet de la puissance de cette manifestation, n'avait cependant pas
osé l'interdire; mais lorsque Kossuth, établi à Pest,
voulut organiser la correspondance des congrégations des comitats, il reçut un ordre formel d'in-

terdiction ; comme il résistait, il fut emprisonné, jugé et condamné à quatre ans de prison.

Le temps de sa captivité ne fut point perdu pour son esprit, mais il fut fatal à son caractère d'homme politique, parce qu'au lieu de se former par l'action, pour l'action, Kossuth prépara théoriquement le rôle qu'il avait à jouer et s'inspira plus tard des projets du passé, lorsqu'il n'aurait dû songer qu'à la direction des événements.

Durant ces quatre années, un grand mouvement se fit en faveur de Kossuth dans tout le pays magyar. Sa captivité l'avait tellement grandi, l'indignation était si violente et prit de telles proportions que Vienne s'en émut. La Diète de 1840 protesta contre l'emprisonnement de Kossuth et de Wesselényi.

L'empereur ayant besoin, à ce moment, des troupes hongroises, adoucit ses rigueurs, et les deux grands patriotes furent délivrés. Kossuth obtint même l'autorisation de fonder le *Pesti Hirlap*, et il donna corps aux idées qui avaient germé dans son esprit durant sa captivité.

Ses articles provoquèrent l'admiration du grand

nombre, mais en même temps l'irritation de quelques-uns. Le comte Étienne Széchenyi, que son grand caractère met à l'abri du soupçon de jalousie, ne vit pas sans chagrin la direction du mouvement libéral lui échapper. Craignant ce qu'il appelait l'idéologisme de Kossuth, déclarant trop hâtives et encore inapplicables les idées que préconisait le jeune réformateur, il suscita des contradicteurs à Kossuth, fonda un journal pour le discuter, et écrivit lui-même un très beau livre, afin de mettre le pays en garde contre des espérances qu'il croyait irréalisables, et qui lui paraissaient fournir seulement matière à d'éloquents écrits et à d'admirables discours.

Kossuth se défendit avec chaleur, affirmant que le progrès moral et matériel de la Hongrie pouvait être atteint par l'unique vertu de la liberté. « La liberté est un but, ce n'est pas un moyen, » répondait le comte Széchenyi.

Kossuth définissait alors la politique et formulait ce que devrait être, selon lui, l'esprit de conduite d'un homme public : « La politique, disait-il, est la science des *exigences*, elle doit se baser sur les cir-

constances au milieu desquelles elle est tenue
d'agir. Il ne faut pas que l'homme politique reste
enfermé dans un système immuable; pourvu que
sa conduite ne soit pas immorale, il doit pouvoir
tirer parti des circonstances pour le bien de sa
patrie. »

Il y a, dans ces maximes, quelque chose de trop
souple et de trop vague, qui tient à la profession
d'avocat exercée par Kossuth plutôt qu'à son caractère. Il crut, à ce moment, faire un grand acte de sagesse pratique en considérant la politique comme un
procès dans lequel le pour et le contre sont également défendables ou acceptables. Cette conviction
que toute cause politique peut être plaidée et favo-
rablement jugée à la seule condition qu'elle ne soit
pas immorale, égare l'esprit des hommes au pouvoir,
et leur fait faire trop souvent de la politique d'à
peu près. La politique des *exigences* et la politique
opportuniste sont des créations identiques; elles
aboutissent aux mêmes résultats. Leur valeur n'existe
que dans l'opposition, quand la cause à débattre,
fournie par l'adversaire, permet de choisir l'argu-
ment et réduit le rôle de l'homme politique à celui

d'avocat ; mais vienne l'exigence ou l'opportunité
à l'heure où les avocats sont au pouvoir : ils ne
savent même pas en bénéficier, et se montrent aussi
impuissants à pétrir la matière gouvernementale
que la matière juridique. Il leur faut une thèse
pour plaider contradictoirement, discourir, donner
cours à leur grand talent oratoire ; ils font de
l'agitation pour leur cause, ils entretiennent l'enthousiasme pour leurs idées, mais ils ne savent
point manier les « exigences », ni préparer les
réformes opportunes.

Kossuth fut, tour à tour, un héros quand il eût
fallu être un homme pratique, un administrateur
se perdant aux petitesses du détail quand il eut
fallu être un héros. Jamais homme nécessaire ne
réunit des qualités aussi nombreuses, aussi nobles,
et ne fut moins préparé pour les utiliser à propos.
L'expérience lui manquait. Il lui eût suffi de quelques années d'exercice du pouvoir, dans un temps
calme, pour apprendre à juger, à prévoir, comme il
a su le faire depuis qu'il est en exil.

Daniel Irányi a dit de Kossuth, dans son *Histoire
de la Révolution* : « Une science importante lui

fil défaul : celle des hommes. Il ne devinait pas les caractères, et les protestations verbales arrivaient à son cœur plus vite que le souvenir des actes ne revenait à son esprit. Il avait trop longtemps vécu renfermé dans son cabinet, il ignorait les conditions de l'action; même après avoir été trompé, il ne pouvait pas réparer une erreur; même en se montrant sévère, il était d'une douceur périlleuse. »

Nul ne juge plus sévèrement Kossuth que Kossuth lui-même : « Je veux, me disait-il, vous signaler une de mes principales faiblesses, qui, dans la situation où je me suis trouvé, est un défaut fatal : c'est que je suis de ces hommes à qui Machiavel reproche de mieux savoir ne point commettre une mauvaise action que la punir chez autrui. »

Les hommes de 1848 furent tous dominés par ce qu'ils appelaient le sentiment humanitaire. Une seule chose les distingua entre eux : l'éclectisme ou l'inflexibilité des principes. Kossuth, avocat, était éclectique. Il hésita parfois sur la route à suivre, et ne sut point dominer les situations. Agitateur malgré lui, il se montra incapable d'entraîner les hommes à l'action révolutionnaire.

Tribun incomparable, il sut communiquer aux masses le souffle de son patriotisme. Fait pour parler, il avait une irrésistible éloquence. Sa grande habileté consistait surtout à inspirer un Parlement, à transformer en paroles claires les vœux confus de l'opinion publique. Écrivain de premier ordre, il eut toujours dans l'argumentation la puissance de la chaleur et de la sincérité. En Kossuth, disait-on, « tout est orateur »; sa voix, retentissante à la tribune, était charmante dans la causerie. Très beau, fier, élégant, avec des yeux bleus fascinateurs, une bouche merveilleuse, un front superbe, il avait une physionomie où pouvaient passer les jeux variés du dédain, de l'ironie, de la confiance, de l'orgueil, sans jamais altérer l'harmonie de ses traits admirables.

Le grand Hongrois me pardonnera de citer ici un passage de la dernière lettre qu'il m'a fait l'honneur de m'écrire et qui résume admirablement le rôle joué par lui pendant la Révolution : « Personne plus que moi ne pourrait me taxer d'insuffisance en face des exigences de la situation où

je me suis trouvé. Je n'ai pas même l'envie d'atté-
nuer cette insuffisance par cette considération que
la gravité de la situation m'a souvent obligé de
m'accommoder à la force majeure des circonstances dont les détails et la portée pratique échappent à la connaissance et au raisonnement théo-
rique des historiens. Après tout, ceux qui n'ont pas
réussi ont toujours tort, je le sais bien, et je ne suis
ni assez vain ni assez prétentieux pour m'écrier
avec Victor Hugo : « Succès est un vilain mot. Sa
fausse ressemblance avec le mérite trompe les
hommes. »

Kossuth est de ces hommes que le malheur
grandit, que la solitude éclaire. Toutes les réserves
qu'on a faites sur sa clairvoyance lorsqu'il gouver-
nait la Hongrie on n'a pu les refaire depuis. Il a
prévu les événements de la politique européenne,
depuis 1850, avec une lucidité prophétique ; il a été
l'ami et le conseil de M. de Cavour, mais il a refusé
d'être la dupe de Napoléon III et le complice de
M. de Bismarck.

La chose qui l'avait le plus desservi au pouvoir
était l'une de ses plus précieuses qualités : son

énorme faculté de travail. Il eût voulu tout organiser, tout voir et tout faire par lui-même. Dans les
loisirs de l'exil, il est parvenu à être l'homme le
plus instruit d'Europe.

On m'avait beaucoup répété en Hongrie : « Voyez
Kossuth au retour, et portez-lui un peu d'air de
la patrie hongroise. Plus de cent paysans de Czé-
gléd, dont beaucoup n'avaient pas vu Pest, sont
allés une fois ainsi, à Turin, porter à Kossuth « l'air
de la patrie », et le jour anniversaire de cette visite
a été transformé depuis en jour de fête.

La Hongrie adore Kossuth et lui a fait sa légende.
On ne l'attaque jamais dans la presse. Je crois que
si un membre de l'extrême droite, à la Chambre,
critiquait Kossuth avec trop d'aigreur, le gouvernement lui-même le défendrait. Lorsqu'il écrit une
lettre pour donner son avis sur une réforme, tous
les journaux indistinctement la publient, quelles
que soient les idées ou les opinions qu'elle exprime.

M. Helfy avait prévenu le grand patriote de mon
passage à Turin et lui avait annoncé ma visite. Je
le trouvai dans son cabinet de travail, dont les deux
hautes fenêtres donnent sur un square. La pièce

est grande, et quoique le plafond soit décoré à
l'italienne, des bibliothèques donnent à ce cabinet
un aspect sévère. Deux beaux tableaux, représentant des paysages hongrois, égayent seuls les murs
sombres. Entre les fenêtres, une grande table, auprès de laquelle se tient Kossuth, est couverte de
livres et de papiers.

Kossuth en vieillissant n'a rien perdu de sa beauté
noble et fière. Ses cheveux blanchis ont, comme sa
barbe, conservé une extrême finesse ; l'âge a découvert, grandi son front, sans y dessiner une ride.
L'œil est toujours d'un bleu limpide et profond, la
voix incomparablement douce. Une sérénité triste
domine dans sa physionomie.

Au cours de notre conversation il me montre un
très beau portrait de lui, à quarante ans, qu'on vient
de lui envoyer de Hongrie, et il cherche dans un
tiroir sa dernière photographie faite à 82 ans ; nous
les comparons ; il arrête mes remarques bienveil-
lantes avec une grâce extrême, et il ajoute : « Le
moins qu'on puisse dire de la vieillesse, c'est qu'elle
est mélancolique. »

Nous parlons de la Hongrie et il prend un grand

plaisir à voir mon enthousiasme. Il me peint l'Alföld avec de vives couleurs, et me décrit la plaine hongroise « alors que les moissons dorées ondulent comme les flots de la mer ».

Kossuth juge la Hongrie avec un détachement suprême des hommes et des choses. « Elle a pour moi, me dit-il, une sorte de piété. Mais vous vous trompez beaucoup, si vous croyez que je possède une influence actuelle sur l'esprit hongrois. Sans doute j'ai laissé chez mes compatriotes des souvenirs durables. Le paysan ne peut ni ne veut oublier que, par moi, il est devenu libre. J'ai renversé l'aristocratie au profit de la démocratie, et le semblant de constitution que la Hongrie possède en ce moment, le système dualiste lui-même, elle le doit à la révolution de 1848. Je suis associé au bonheur relatif dont elle jouit.

« L'histoire nous apprend que la plus grande somme de gloire qu'elle consente à donner à un homme est égale à la somme de bonheur qu'il a donnée aux autres hommes. J'ai donc rempli le plus haut, le plus profitable des devoirs humains en contribuant à l'émancipation du peuple hongrois. Sans doute, il pourrait être plus libre ; mais ce n'est

pas moi qui chercherai aujourd'hui le moyen de
le libérer de l'Autriche : il y faudrait la révolution,
chose grave que je ne conseillerai jamais à une
nation politique. »

Comme je demandais à Kossuth ce qu'il pensait
des partis de la gauche en Hongrie, et dans quelle
mesure il approuvait leur programme :

« Je suis, me répondit-il, partisan de l'Indépendance absolue, car je déclare qu'il est impossible
de bien gouverner deux États à la fois, surtout dans
les questions d'intérêts. Le dualisme a établi la
base de l'unité économique sur celle de l'unité
politique, et naturellement la puissance quadruple
de l'Autriche écrase la faiblesse magyare. Notre
système douanier est un obstacle insurmontable
au développement des institutions en Hongrie.
L'Autriche nous enferme comme par un blocus. Si
elle s'approvisionne chez nous de produits naturels,
ce n'est point par généreuse réciprocité, mais parce
qu'elle y trouve profit. On nous dit qu'elle prend
nos blés, mais c'est parce qu'ils sont à proximité ;
que l'Amérique lui offre des blés meilleurs et moins
chers, et je vous affirme qu'elle dédaignera les

moissons de l'Alföld. Je comprends le libre-échange ou la protection; mais ce système douanier qui nous oblige à subir chèrement la production artificielle de l'Autriche est coupable. Il met la Hongrie en danger et lui enlève toute vie propre. »

Kossuth parle admirablement le français, et il aime la causerie. Nous échangeons nos avis et nous nous trouvons d'accord sur le classement des hommes politiques de nos deux pays, en autoritaires et en libéraux. Kossuth est libéral, décentralisateur, partisan de toutes les autonomies, mais il se moque agréablement du socialisme. « La question sociale! me répond-il; je ne connais pas de système qui remplace la famille et change les passions des hommes. »

Je n'insiste pas, sachant par expérience qu'on devient politique mais qu'on naît socialiste.

Kossuth est très renseigné sur la République française : « Elle réalise le mot de Ledru-Rollin, me dit-il, la République sans républicains »; et il ajoute :

« Vos amis, en France, ont accepté l'héritage politique, économique, administratif de l'Empire. Ils n'ont fait que des lois isolées, mais ne me paraissent avoir aucune notion de l'ensemble des réformes républicaines. Leur république est un empire sans empereur, voilà tout, et peut-être moins démocratique, moins égalitaire que celui de Napoléon III. Une république doit être libérale ou elle est la proie des factions.

« Le bloc enfariné par M. de Bismarck de votre politique coloniale ne me dit rien de bon. Le prince-chancelier vous envoie à Tunis, au Tonkin, à Madagascar; il vous enverra en Chine (1), comme il envoie l'Autriche en Orient, la Russie dans l'Inde, l'Angleterre en Égypte. Il fait, par rapport à l'Europe qu'il gouverne, des dérivatifs à l'extérieur. Vous êtes incapables de coloniser, tout à fait incapables, me répète Kossuth. Les Anglais, à la bonne heure. Je crois que le Français est trop sociable, qu'il se tatoue trop vite et trop galamment chez les peuples tatoués. Il n'y prend pas d'influence.

— Si nous ne colonisons pas aisément, dis-je, ne serait-ce pas notre système de colonisation qu'il faut accuser, et point nous? Autrefois nous avons

____

(1) Conversation du 9 avril 1884.

colonisé ; mais, ni les Arabes, ni les Cochinchinois,
ni les Malgaches ne se développeront sous des lois
qui régissent Carcassonne ou Quimper-Corentin.
Les entraves placées entre les colonies et la mé-
tropole empêchent à la fois les intérêts des uns
de s'y développer et les intérêts des autres de s'y
risquer. »

Kossuth, parlant de politique extérieure, regrette
que l'Autriche n'ait pas soutenu la Turquie pour
opposer une barrière à la Russie, ou qu'elle n'ait
pas donné la liberté aux peuples de la Porte. Les
Habsbourg sont faits pour être les protecteurs des
petits pays d'Orient ; selon lui un choc de l'Autriche
et de la Russie est inévitable. S'il n'a pas eu lieu
encore, c'est que le gouvernement de Pétersbourg
a voulu gagner du temps pour s'installer dans l'Inde
tandis que l'Angleterre est en Égypte.

« Je vis si solitaire, me dit Kossuth pour se
résumer, que je deviens parfois une espèce de
voyant. Je ne connais personne à Turin, et n'ai
jamais l'occasion de saluer ni de recevoir un salut.
Ma seule joie est lorsque mon fils vient me demander à dîner. Si je souffre parfois d'être isolé, cepen-

dant je ne me plains pas. J'étais peu de chose et les circonstances m'ont élevé, je leur en suis reconnaissant ; la vie n'est point bonne, mais elle peut être haute. »

Il me sembla, lorsque je quittai le héros magyar, que je continuais longtemps avec lui notre conversation interrompue. Pas plus que lui, je ne demande à la vie d'être bonne, et je ne l'estime qu'à la grandeur du but poursuivi.

FIN.

TABLE DES MATIÈRES

LA TISZA

SZEGED

LE COMTE DE BEUST

A TURIN

Paris. — Typ. G. Chamerot, 19, rue des Saints-Pères. — 16533